DX時代の成功事例が
ゼロからわかる！

使える

ビジネスモデル
見るだけノート

平野敦士カール
Carl Atsushi Hirano

宝島社

使える

ビジネスモデル
見るだけノート

平野敦士カール | Carl Atsushi Hirano

宝島社

時代に合わせて変わり続ける 王道のビジネスモデル

　世の中には、人々を豊かにするために生まれたさまざまな商品やサービスがあり、その裏には磨き抜かれた戦略と熾烈な競争が存在します。

　本書では、さまざまな企業が展開するビジネスモデルの事例を通じて、革新的なビジネスを生み出すためのヒントをご提供します。

　世界を代表する巨大企業からベンチャーまで、どのような視点を持って顧客や世の中、そして自らの組織を捉えているかという内容は、皆様のビジネスを前進させるために役立てていただけると思います。

　既存のビジネスモデルを表面的に真似るだけで終わらないように、本書では「そもそもビジネスモデルとは何か？」というところから、実際に新しいビジネスモデルを生み出すための「ビジネスモデル創造のための7つのステップ」まで解説をしていきます。筆者が実際に日

本を代表する多くの大手企業にて長年研修を実施している方法ですので、その有効性は証明されています。

　今、急速な技術革新や感染症の流行などによる社会の変化、そしてそれに伴う顧客ニーズの移り変わりによって、ビジネスをめぐる環境は、激動の時代の真っただ中にいます。特に最近注目されているDXとは、ITを導入して業務を効率化したり、事務を電子化して生産性を向上させたりするといった単なる「デジタル化」を指すものではなく、DXの目的は「デジタルへの転換による競争優位性の確立」であり、重要なのは、自社のビジネスそのものを転換することです。本書ではそうした最先端の事例もご紹介しました。そのような時代においては、どんなにうまくいっているビジネスであっても、常に見直しが求められるのです。

　本書が、皆様のビジネスにお役に立てれば望外の喜びです。さらに本書と併せて『知識ゼロでも今すぐ使える！ビジネスモデル見るだけノート』（宝島社）もご参考にしていただくと、より多くの事例を学ぶことができると思います。

平野敦士カール

熱海テラスにて

2023年3月

ビジネスモデル

「ビジネスモデル」とは、「企業がどのようにして売上を作り、利益を生み出すか」という仕組みのことをいいます。簡単に説明するなら、その企業や事業における「儲けの仕組み」といえるでしょう。企業が最初に持つべきなのは「目指す将来像」であるビジョンと、「誰に何を提供し、どんな使命を持って行動するか」というミッションです。そうしたビジョンとミッションをもとに経営理念が定まったら、次はそれをどんな事業領域で実現するかという「経営戦略」を立てていきます。そして、さらにその経営戦略を実現するために、ビジネスモデルを設計するのです。

って何のこと?

ビジネスモデルの変化の歴史

「GMS モデル」の登場で大量消費時代が到来

アメリカのシアーズ社が、のちの総合スーパーマーケットにあたる大型小売店を展開。「GMS（General Merchandise Store）モデル」が大量消費の時代をもたらした。

大量生産システムの誕生

アメリカの自動車メーカー・フォードが実現した、ベルトコンベアを使った生産ラインの確立によって「大量生産システム」が誕生。

なんでも売ってるね

いつも買いすぎちゃう

1920年代

1910年代

ネット通販が可能にした「ロングテール」モデル

実店舗を持たないインターネット通販では、ニッチな商品まで幅広く取り揃えて収益を上げるロングテールモデルが可能になった。

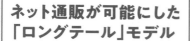

見放題

聴き放題

カードで支払います

こんなものまで売ってるのか

ネット通販すごい!

2010年代

1990年代

1960年代

「サブスクリプション」全盛

スマートフォンの普及によって、主にコンテンツ産業で定額料金制の配信サービスが増加。消費のスタイルも変化し、サブスクリプションは食品や乗り物等にまで広く普及した。

コンピュータの民間利用で生まれた新しいビジネス

コンピュータが民間で使われ始め、クレジットカードなどコンピュータの計算能力を活用した新しいビジネスモデルが次々に登場する。

技術革新や1社の新しいアイデアによって、ビジネスモデルは絶えず移り変わってきました

ビジネスモデルを変革する「DX」とは何か？

近年注目が高まっているワードの一つであるDX（デジタルトランスフォーメーション）によって、新しいビジネスモデルが次々に生まれています。そんな、DX時代のビジネスモデルを考える前に、DXとは何かを押さえておきましょう。勘違いされがちなのは、デジタル機器の導入や紙で保管されていた文書を電子データで管理するようになったことをDXと呼ぶことがありますが、それは単なる「デジタル化」であり、DXの前段階にすぎません。DXとは、デジタルを活用した新しい発想によって、全く新しい価値や仕組みを作り出すことなのです。

デジタイゼーション

紙で保管されている文書を電子化して保管したり、印鑑を電子印に置き換えたりといった、アナログ媒体をデジタル媒体に変換する工程をデジタイゼーションと呼びます。

書類が
すぐに探せて
便利だなあ

まだあるよ〜

どんどん
デジタル化
していこう

デジタル化して
よかったですよね！

デジタライゼーション

デジタイゼーションで電子化したデータを活用する段階が、デジタライゼーションです。電子化したことによって文書の検索性が上がったり、電子印鑑によって取引がスピーディーに行えるようになったりなど、電子化の効果が現れます。

印刷需給のマッチング （P110）

ネット印刷通販サービスの「ラクスル」は、印刷機の空き稼働に悩む印刷会社と、安価に印刷物を作成したい顧客とを結びつけました。

デジタル家計簿 （P122）

「マネーフォワード」に代表されるデジタル家計簿サービスは、銀行口座の入出金、キャッシュレス決済やクレジットカードの使用などを一括で管理できます。ITと金融が融合したフィンテックによって金融サービスの利便性が向上しています。

DX（デジタルトランスフォーメーション）

デジタルの活用によって、それまでのビジネスモデルや組織構造などを一変させます。近年の技術革新によって、これまでになかった価値を世の中に提供する新しいビジネスモデルが次々に生まれています。

DX時代の成功事例が
ゼロからわかる!

使えるビジネスモデル
見るだけノート
Contents

はじめに ……………………………… 4

ビジネスモデルって
何のこと? ……………………………… 6

100年前から現代まで!
ビジネスモデルの
変化の歴史 …………………………… 8

ビジネスモデルを変革する
「DX」とは何か? ………………… 10

Chapter1
ビジネスモデルの
基本をつかむ

01 ビジネスモデルを考える
ことがなぜ有効なのか?
既存事業の革新、
新規事業の創造 ……………… 20

02 ビジネスモデルは
3つの意味に分類できる
戦略モデル、
オペレーションモデル、
収益モデル …………………… 22

03 「ビジネスモデル=
収益の上げ方」ではない
サブスクリプション …………… 24

04 代表的なビジネスモデルに
はどんなものがあるのか?
物販モデル、小売モデル、
広告モデル …………………… 26

05 事業単体か企業全体かで
見え方が変わる
事業単体、企業全体 ……… 28

06 ビジネスモデルは変わり
続けなければいけない
技術革新、
顧客ニーズの変容 …………… 30

07 どんなビジネスも
土台は変わらない
商売の基本 …………………… 32

Column 01
「ポケモンGO」ブームの裏で
売れたモノ ……………………………… 34

Chapter2
事例で学ぶ！ 使える ビジネスモデル

01 顧客を囲い込む 7つの戦略
囲い込み戦略 38

02 無印良品を支える 「生産する消費者」
IDEA PARK、 プロシューマー 40

03 「OEM」でダイハツが作る トヨタの車
OEM、ブランド力 42

04 受注生産なのに2日で 納品できる「ミスミ」の秘密
半製品、 メイク・トゥー・オーダー 44

05 ホンダのジェット機を 複数人で所有する
部分所有、所有資産 46

06 本体代が後からペイできる 「消耗品モデル」
消耗品モデル、 サードパーティー 48

07 つながりを作って 収益化する 「投げ銭モデル」
投げ銭モデル、 心理的な満足感 50

08 何度もリリースして 何度も儲ける映画ビジネス
ウィンドウイング 52

09 地域を絞ってシェアを 独占する「密度の経済」
密度の経済、 ドミナント戦略 54

10 速さを追求して廃棄ロスを 減らした日本マクドナルド
速度の経済 56

11 新しくて模倣しにくい 「ブルーオーシャン戦略」
ERRC グリッド、 戦略キャンバス 58

12 体験を求めて顧客が集まる スターバックス
コト消費、 経験価値マーケティング 60

13 新興国の低所得者を 救ったフマキラー
BOP モデル、持続的 62

Column 02
「魚がいないだけ」の ブルーオーシャンに注意 64

Chapter3
ビジネスモデルは
どのように変化
しているのか？

01 社外から広く技術を集める
「オープンイノベーション」
オープンイノベーション ……… 68

02 オープンイノベーション
時代の3つの戦略
ライセンスモデル、売却、
スピンオフ ……………………… 70

03 製品販売から
サービス提供へ
「SaaS」「IaaS」「PaaS」
アズ・ア・サービス、
クラウドコンピューティング ⋯⋯ 72

04 顧客同士を結び付ける
「プラットフォームビジネス」
取引プラットフォーム ………… 74

05 "第三者" が iPhone の
価値を高めている
イノベーションプラットフォーム、
サードパーティー ……………… 76

06 従来型ビジネスと
プラットフォームを
融合させる
価値連鎖型、マーケットプレイス、
AWS ………………………………… 78

07 継続的な顧客をつかむ
「サブスクリプションモデル」
サブスクリプションサービス ⋯⋯ 80

08 サブスクリプションで
必須の
「真の顧客ファースト」
売り切り型、継続モデル …… 82

09 無料で引きつけ
拡張機能で課金する
「フリーミアム」
フリーミアムモデル、
収益の安定化 ………………… 84

10 フリーミアムの成否を
分けるポイントとは？
対価を支払うだけの価値 …… 86

11 所有から利用へ
「シェアモデル」
所有欲、
シェアリングエコノミー ……… 88

12 シェアモデルの狙い目は
「需給のアンバランス」
需給バランス ………………… 90

13 コロナ禍によって
パラダイムシフトが加速した
技術的な進歩、
心理的変化 …………………… 92

14 デジタル化で
「オーダーメイド」が
しやすくなった
パーソナライゼーション ……… 94

Column 03
消費のスタイルが一変した
「タイパ志向」 ························· 96

Chapter4
**DX がもたらした
新しい
ビジネスモデル**

01 デジタルでビジネスモデル
ごと変革する DX
デジタルトランスフォーメーション
··································· 100

02 DX 時代に増えるのは
取引を支えるビジネス
取引を支えるビジネス、
場の創造 ···················· 102

03 DX でビジネスの
非効率を取り去る
非効率性 ···················· 104

04 患者の悩みを集めて
医療の進化につなげる
SNS
PatientsLikeMe、
交流の場 ···················· 106

05 職人と工事会社を
マッチングさせる「助太刀」
間接業務をデジタル化 ······· 108

06 印刷機の空きと
安価な印刷の需要を
結んだ「ラクスル」
ラクスル、
シェアリングビジネス ········· 110

07 在庫の減りを感知し自動で
発注する「スマートマット」
スマートマット、IoT デバイス
··································· 112

08 業界の構造改革を図る
生花のダイレクト流通
廃棄ロス、CAVIN ········· 114

09 高級バッグの貸し借りを
仲介する「ラクサス」
ラクサス ···························· 116

10 服をスタイリングごと
レンタルできるサービス
エアークローゼット ········· 118

11 「配送料が変動する」
ニトリが仕掛ける新しい物流
ホームロジスティクス、
ダイナミックプライシング ····· 120

12 お金の流れを一括管理する
デジタル家計簿
マネーフォワード ME、
お金の流れを見える化 ········ 122

Column 04
Microsoft VS Google ?
「会話型 AI」 をめぐる争い ········ 124

Chapter5
巨大企業の最新 ビジネスモデル 大解剖

01 変化しない
巨大企業が陥る
「イノベーションのジレンマ」
イノベーションのジレンマ ····· 128

02 成功した EC のシステムを
外販するアマゾン
AWS、LaaS ···················· 130

03 ワシントン・ポストを
DX で黒字化させたベゾス
ノウハウを外販 ················ 132

04 徹底的な DX で
ワクチン開発を高速化した
モデルナ
mRNA、自動化サイクル ····· 134

05 ディズニーが
映像配信で狙う
「クロス・プロモーション」
Disney+、
クロス・プロモーション ······· 136

06 ネットフリックスが
乗り出した広告モデル
広告付き低価格プラン ······· 138

07 メタバースで強固な
プラットフォームを狙うメタ
GAFAM、メタバース、
プラットフォーム ·············· 140

08 日本での広告事業を
推し進めるマイクロソフト
Microsoft 広告、
ワークデイコンシューマー ····· 142

09 アップルが見据える「フィ
ンテック」と「ヘルスケア」
フィンテック、ヘルスケア ···· 144

10 Suica の膨大なデータを
提供する JR 東日本
駅カルテ、ビッグデータ ······ 146

11 路面の状態を読み取る
ブリヂストンのタイヤ
タイヤセンシング、CAIS ···· 148

12 「ネット時代のマスメディア」
を目指す ABEMA
フリーミアムモデル、マス広告
··················· 150

Column 05
大企業が革新的事業を
生み出しにくい背景 ················ 152

Chapter6
新しい
ビジネスモデルを
創造しよう

01 ビジネスモデル創造の
ための７つのステップ①
現状把握、顧客価値 ……… 156

02 ビジネスモデル創造の
ための７つのステップ②
バリューチェーン、
経営資源、実現可能性 …… 158

03 他業種の成功モデルを当て
はめる「アナロジー思考」
アナロジー思考 ………………… 160

04 数々の企業の成功も
模倣から生まれた
パターン適合 …………………… 162

05 成功モデルが持つ価値から
連想する「マトリクス思考」
マトリクス思考、
本源的価値 ……………………… 164

06 特性を変化させ
新しいアイデアを生む
「水平思考」
水平思考 ………………………… 166

07 DXを進めるためには
意識改革も必要
DX、アジャイル ……………… 168

08 キャッシュポイントの
複数化を意識する
キャッシュポイント …………… 170

09 ローコストでスピーディー
な仮説検証を繰り返す
リーンスタートアップ、MVP、
ピボット ………………………… 172

10 「モノ起点」から「価値起点」
へ発想法を変える
潜在的な需要 ………………… 174

Column 06
情熱とスピードが、
新しいビジネスを動かす ………… 176

おわりに ……………………… 178

ビジネスモデル
重要単語 ……………………… 180

主要参考文献 ………………………… 188

1 Chapter

BUSINESS MODEL
mirudake notes

ビジネスモデルの
基本をつかむ

さまざまなビジネスモデルを知ったり、新しいビジネスモデルについて
考えたりすることは、実はすべてのビジネスパーソンにとって必須であ
るといえます。変化の時代を勝ち抜いていくために、ビジネスモデル
の基本を押さえておきましょう。

01 ビジネスモデルを考えることがなぜ有効なのか？

ビジネスモデルについて考えることで、今ある事業をよりよくしたり、新しい事業を作り出したりすることに役立ちます。

ビジネスに関わるすべての人にとって、ビジネスモデルを考えることは非常に有効です。ビジネスモデルについて深く考えることによって、大きく **「既存事業の革新」** と **「新規事業の創造」という2つの効果を得ることができるのです。** 既存事業の革新とは、自社が有する資源や活動を分析し、新しい活かし方を考えていくことによって、今現在行っているビジネスを革新することです。

"変化の時代"に不可欠

線路、電車、駅……

乗客のデータとかもそうだよね

我々が持っている資源って何でしょうね

既存事業の革新

新規事業の創造は、既存の企業のみならず、新しく会社を立ち上げるスタートアップにおいても活用が可能です。新しいビジネスを創造するためには、新しい顧客とニーズを見つけ出し、そこにどのような価値を提供できるかを考えていく必要があります。顧客ニーズの変化や技術の進化など、ビジネスを取り巻く環境は目まぐるしく変わっていくものです。**それまで成功を収めてきた優れたビジネスであっても、変化をしていかなければ、時代の流れに置いていかれてしまう日が必ずやってきます。**ビジネスモデルについて考えることによって、既存事業の革新や新しいビジネスの創造を絶えず目指していくことが重要なのです。

新規事業の創造

02 ビジネスモデルは 3つの意味に分類できる

ビジネスモデルを構成する要素として、大きく3つのモデルが存在します。

ビジネスモデルは、「**戦略モデル**」「**オペレーションモデル**」「**収益モデル**」の3つに大きく分けることができます。**戦略モデルとは、どんな顧客をターゲットにし、どんな製品やサービスを、どのような価値をつけて提供するかという、いわばビジネスモデルの全体像を示したもの**です。例として「CtoC（Consumer to Consumer）」などが挙げられます。これは、ネットオークションやフリマアプリなど、「消費者同士が便利に、そして安全に商品の取引を行える場を提供する」という戦略モデルです。

3つのモデルを考え抜く

戦略モデルの実現のために、どう動けばいいんだろう

どんな人に、何を、どうやって提供しようか

収益はどうやって確保しよう

オペレーションモデルは、戦略モデルで定めたことを実現するために、企業が行う業務プロセスを指します。オペレーションモデルの例として「顧客データの活用」が挙げられるでしょう。たとえばフリマアプリであれば、利用者データをもとにサービスの改善を行ったり、新たなセールスにつなげたりすることもできます。収益モデルとは、どのように収益を獲得するかを表すもので、「広告モデル」がイメージしやすいかもしれません。エンドユーザーには無料でアプリを提供し、Web サイトやアプリの中に広告を掲載することで広告主の企業から掲載料を得るモデルです。ビジネスモデルは、このような3つのモデルに分類することができるのです。

3つのモデルの具体例

戦略モデル
消費者同士が便利に、そして安全に商品の取引を行える場を提供する。

今話題のフリマアプリだ

収益モデル
Web サイトやアプリの中に広告を掲載することで、広告主の企業から掲載料を得る。

オペレーションモデル
顧客の利用データを活用してサービスの改善を行ったり、新たなセールスにつなげる。

03 「ビジネスモデル＝収益の上げ方」ではない

「どのように収益を獲得するか」を工夫するだけでは、よいビジネスモデルを生むことができません。

しばしばビジネスモデルは、「収益の上げ方」つまり「どうやってお金を払ってもらうか」の形のことだと捉えられる場合がありますが、ビジネスモデルは、それだけを指すものではありません。**どうやって収益化するかといった内容は、P22 で解説した「収益モデル」に当たるものであり、収益の上げ方だけを工夫してもよいビジネスが生まれるわけではない**のです。

収益モデルだけにこだわりすぎない

収益の上げ方だけがビジネスモデルであると誤解してしまうと、事業が成立しづらくなってしまう場合があります。たとえば、収益モデルとしてよく知られているものに「**サブスクリプション**」があります。一定の期間に対して料金を支払い、その間サービスや製品が使い放題になるという方式です。継続して安定的な収益が得られるというメリットがあり、アマゾンやネットフリックスなど数多くの企業が取り入れている仕組みです。**とはいえ、サブスクリプションを導入すればどんなビジネスでも儲かるというわけではありません。**一定以上の顧客規模が見込める高いニーズのある商材であること、継続して頻繁に利用されることなどといった、いくつもの条件とのバランスを見極めた上で初めて成立する収益モデルなのです。稼ぎ方だけにとらわれずに、複合的な視点でビジネスモデルを捉える必要があります。

04 代表的なビジネスモデルにはどんなものがあるのか？

ビジネスモデルの中には、時代を超えて採用され続ける伝統的な手法も存在します。

新しいビジネスモデルは、時代の変化に合わせて次から次へと登場するものですが、**長い間多くの企業で採用されている基本的なビジネスモデルも存在します。** 製品やサービスの企画から製造、販売までを自社で一貫して行う「**物販モデル**」がその一つです。販売データや顧客ニーズを生産計画へ迅速に反映できるなどのメリットがあり、ユニクロや ZARA（インディテックス）といったアパレルメーカーを中心に多く取り入れられています。一方で、仕入れた商品の販売に特化した「**小売モデル**」も代表的なビジネスモデルといえるでしょう。

時代を超える王道のビジネス

物販モデル
企画から製造、販売までのプロセスを自社で一貫して行う。アパレルメーカーで多く取り入れられている。

ないです。ご要望は多いんですけどね

Vネックすぐ作って！

これのVネックはないんですか？

どれもよく見かけるものばかりだね

小売モデル
商品を仕入れ、それを販売することに特化したモデル。コンビニエンスストアなどが一例。

自社の製品やサービスに広告を付けることによって収益を得る「**広告モデル**」も、新聞やラジオの時代から YouTube や SNS にいたるまで長い間取り入れられている伝統的なモデルです。ほかにも、自社が保有するブランドやキャラクターの使用権を貸し出して対価を受け取る「**ライセンスモデル**」、古くは結婚相談所や人材派遣業から現在ではライドシェアにまで広がりを見せる「**マッチングモデル**（プラットフォーム）」など、身の回りの多くの製品やサービスに取り入れられている基本的なビジネスモデルがいくつも存在するのです。

広告モデル

自社の製品やサービスに広告を付けることによって収益を得る。古くは新聞やラジオで取り入れられ、現代ではインターネット向けサービスで主流となっている。

CMだ

凝った広告だなあ

ぜひぜひ！ライセンス契約を結びましょう！

ライセンスモデル

自社が保有するブランドやキャラクターの使用権を、他者に貸し出すことで利益を得る。

御社のキャラクタータオルを作らせてもらえませんか？

マッチングモデル

結婚相談所や人材派遣業など、人や企業のニーズ同士を結びつけるビジネス。デジタル化によって、ライドシェアや民泊ビジネスなどに広がりを見せている。

きっといいお相手が見つかりますよ

フォークリフトの免許を持っている人はいますか？

05 事業単体か企業全体かで見え方が変わる

ある事業のビジネスモデルは、それを手がける企業全体のビジネスモデルの一部であるともいえます。

あるビジネスモデルを分析しようとするとき、**事業単体**のモデルを見る場合と、その事業を展開する**企業全体**を視野に入れて見る場合とがあります。たとえば、YouTube のビジネスモデルを分析することもあれば、**YouTube はグーグルが展開する事業のうちの一つであるため、グーグル全体のビジネスモデルの中の一つのパーツとして捉えることもできる**のです。

事業を見るか 企業を見るか

見える？
ビジネスモデル

YouTubeの
ビジネスモデルだ

Googleの
ビジネスモデルが
見える

ビジネスモデルの分析を行う際には、事業単体か、それとも企業全体のどちらを見ているのかを把握することが重要です。**ただし注意しなければならないのは、企業全体にまで対象を広げすぎると抽象度が上がってしまい、応用しにくくなる場合があることです。**既存事業のブラッシュアップや新しい事業を起こしたいという考えから、さまざまなビジネスモデルを学びたい場合は、グーグルのような大きな組織全体のビジネスモデルを見るよりも、事業単体の構造を分析する方がよいかもしれません。

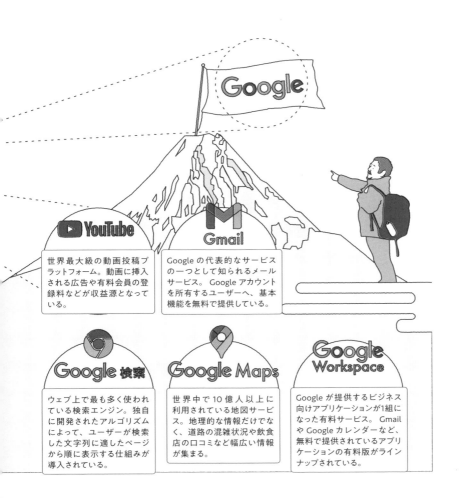

YouTube
世界最大級の動画投稿プラットフォーム。動画に挿入される広告や有料会員の登録料などが収益源となっている。

Gmail
Google の代表的なサービスの一つとして知られるメールサービス。Google アカウントを所有するユーザーへ、基本機能を無料で提供している。

Google 検索
ウェブ上で最も多く使われている検索エンジン。独自に開発されたアルゴリズムによって、ユーザーが検索した文字列に適したページから順に表示する仕組みが導入されている。

Google Maps
世界中で 10 億人以上に利用されている地図サービス。地理的な情報だけでなく、道路の混雑状況や飲食店の口コミなど幅広い情報が集まる。

Google Workspace
Google が提供するビジネス向けアプリケーションが1組になった有料サービス。Gmail や Google カレンダーなど、無料で提供されているアプリケーションの有料版がラインナップされている。

06 ビジネスモデルは変わり続けなければいけない

うまくいっているビジネスであっても、外部環境の変化に合わせて常に見直しが必要です。

どんなに多くの顧客を魅了し、永久に安泰に見えるビジネスモデルであっても、通用しなくなる日が来ないとは限りません。**ビジネスを取り巻く環境は、急速に進み続ける技術革新や、顧客ニーズの変容などといった外部環境の変化にいつもさらされている**からです。現状うまく成り立っているビジネスモデルにあぐらをかくことなく、既存事業の作り変えや新しい事業の創出への意識は常に持っておく必要があるのです。

永遠に安泰なビジネスはない

ビジネスモデルの変化を迫る外部環境の例はいくつか存在します。先に挙げた技術革新や顧客ニーズの変化のみならず、GAFAMのような巨大企業が既存の業界構造をがらりと変えてしまう例もあります。また、**資源不足や少子高齢化、法律の改正などといった社会の変化がビジネス環境に与える影響が大きいことも忘れてはなりません。** たとえばライドシェアをめぐる法律の改正が行われたとき、タクシーなど既存の公共交通機関は少なからぬ影響を受けることになるでしょう。外部環境の変化への感度を高め、ビジネスモデルの見直しに活かしていくことが大切です。

変革を強いる外部環境の例

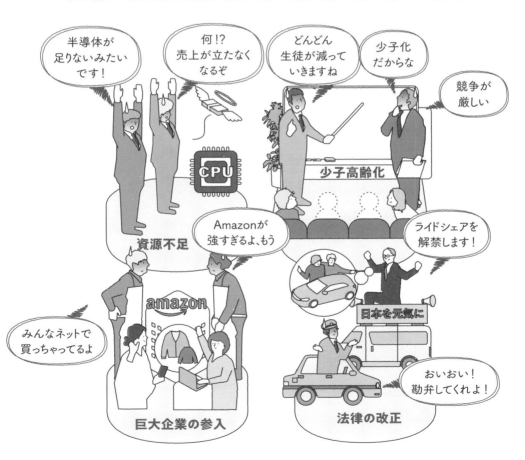

どんなビジネスも土台は変わらない

それまでになかった全く新しいビジネスモデルであっても、その根底に流れているのは基本的な考え方です。

世の中には多種多様なビジネスモデルが存在し、その一つ一つは全くの別物であるように見えます。しかし、うまく成り立っているビジネスモデルには、どれも「**商売の基本**」を忠実に守っているという共通点が存在します。商売を成り立たせるには、**人々のニーズや困りごとを見つけ出し、それを満たす、あるいは解消するためのソリューションを提案する必要があり、なおかつそれを「安く買って高く売る」**というのが基本となります。

よいビジネスモデルは盤石な土台の上に

個別のビジネスモデルについては Chapter 2以降で詳しく解説しますが、私たちの身の回りにある多くのビジネスモデルは、こうした商売の基本の上に成り立っていることがわかります。たとえばラクスル株式会社は、「印刷機の空き稼働に悩んでいた印刷会社」と「小ロットで安価に印刷物を作成したい企業や個人」をマッチングするためのプラットフォームを提供しています。**印刷会社や発注者がそれぞれ抱える困りごとに対して、それを解消するためのソリューションを提案することによってビジネスモデルを成立させた**のです。新しいビジネスモデルを考えようとするときには、その土台となる商売の基本のことを頭に入れておく必要があります。

例：ラクスルのビジネスモデル

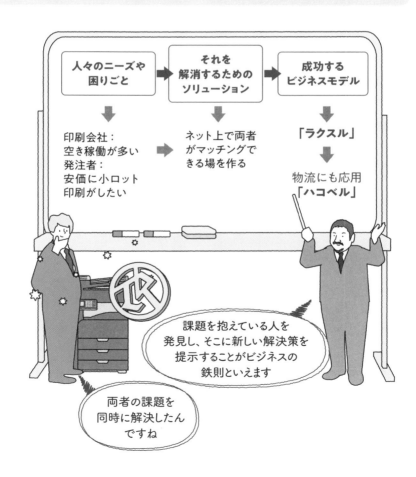

人々のニーズや困りごと → それを解消するためのソリューション → 成功するビジネスモデル

印刷会社：空き稼働が多い 発注者：安価に小ロット印刷がしたい → ネット上で両者がマッチングできる場を作る → 「ラクスル」→ 物流にも応用「ハコベル」

課題を抱えている人を発見し、そこに新しい解決策を提示することがビジネスの鉄則といえます

両者の課題を同時に解決したんですね

「ポケモン GO」ブームの裏で売れたモノ

　　2016 年の夏、スマートフォン向けゲームアプリ「ポケモン GO」が大流行しました。現実世界の本物の地図がゲームのマップになっており、キャラクターやアイテムをゲットするために多くのプレイヤーが街中を駆け回ったのです。

　　そのブームの裏で、あるモノの需要が急激に高まったことも話題になりました。それは、外出先でスマホを充電することができる「モバイルバッテリー」です。スマホを片手に街中を駆け回り、しかもバッテリーを多く消費するゲームを行っていたプレイヤーにとっては、外出先での充電は欠かすことができないものでした。ポケモン GO が配信された直後の、ある1週間のモバイ

ルバッテリーの売上は、前年比で2倍以上だっ
たという調査結果もあります。

　このように、「大きなブームの周辺に大きなニー
ズが隠されている」という事例は、ビジネスの
世界にはよくあるものです。

　1800年代半ば、アメリカの西海岸で砂金が
発掘されたことをきっかけに起こった「ゴールド
ラッシュ」では、金脈を掘り当てようと多くの人々
が鉱山へ押し寄せました。そこで、アメリカのジー
ンズブランド「リーバイ・ストラウス」の創業者
であるリーバイ・ストラウスは、鉱山で必死に作
業をする人たちのために丈夫なキャンバス地のズ
ボンを提供し、大成功を収めたのです。

　何かブームが発生したとき、そのままその市場
への参入を検討するだけではなく、ブームの周
辺にあるニーズを探してみることも重要だといえ
るでしょう。

Chapter 2

BUSINESS MODEL
mirudake notes

事例で学ぶ！
使えるビジネスモデル

身近な商品やサービスは、どのようなビジネスモデルを通して私たちに
届けられているのでしょうか？　さまざまな企業が生み出してきた戦略の
中に、事業を創出したり革新したりするためのヒントが隠されているか
もしれません。

01 顧客を囲い込む7つの戦略

顧客をつかんで離さないビジネスを作り出すために、重要な7つの戦略が存在します。

企業は、顧客が他の商品やサービスに流れるのを防ぎ、継続的に利用してもらえるように工夫する必要があります。 そこで有効なのが7つの**囲い込み戦略**です。まずは商品の知名度やブランド力を活かした①ブランド・ロックイン。ファッションや車など、ブランド自体を価値にすることでファンを作ることができます。②シリーズ・ロックインと呼ばれる、カードゲームや付録などでさまざまな種類の商品を展開する手法も有効です。シリーズものを揃えようとするファンを獲得できます。③メンバーシップ・ロックインは、会員限定のポイントや特典を付与する方法。

人は経験や先入観で判断しがち

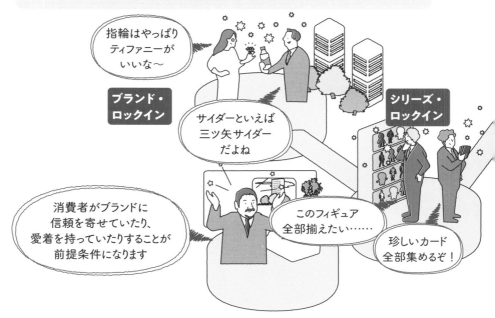

指輪はやっぱり
ティファニーが
いいな〜

**ブランド・
ロックイン**

サイダーといえば
三ツ矢サイダー
だよね

**シリーズ・
ロックイン**

消費者がブランドに
信頼を寄せていたり、
愛着を持っていたりすることが
前提条件になります

このフィギュア
全部揃えたい……

珍しいカード
全部集めるぞ！

大型ショッピングモールやコンビニエンスストアが取り入れているのが④コンビニエンス・ロックインという戦略です。一か所で何でも揃う利便性から、幅広い客層を顧客にできるのです。ソフトウェアやSNSなど、「周囲の多くの人が利用しているから」という理由で多くの利用者を囲い込む⑤コミュニティ・ロックイン戦略、一度扱いに慣れたデバイスを繰り返し使い続けたくなる心理を利用した⑥ラーニング・ロックインも、主にデジタル産業でよく見られます。また、企業の担当者と信頼関係を築いて顧客化を図る⑦インティマシー・ロックインという手法も用いられます。**これらの戦略は、商品やサービスの品質が他社と比べて劣らないこと、利用者が企業に信頼や愛着を持っていることが前提条件です。**

メンバーシップ・ロックイン

せっかく
ポイント溜まったし、
また使おう

ポイントカードの
お返しです〜

ありがとう
ございます

了解！

またね〜

コンビニエンス・ロックイン

自分の洋服も
子ども服も揃っていて
便利〜

ご飯も食べて
帰ろうか

コミュニティ・ロックイン

やめられ
ないな〜

またLINE
するね！

また一から操作を
覚えたくないし、
今回もMacにしよ〜

**何か困ったことがあれば
いつでも連絡して
くださいね！**

いつも
ありがとうございます

ラーニング・ロックイン

インティマシー・ロックイン

02 無印良品を支える「生産する消費者」

消費者から直接意見を取り入れる仕組みを使って、多様化するユーザーのニーズに応えています。

無印良品では、製品についての意見やアイデアを消費者から積極的に取り入れるシステムを導入しています。「**IDEA PARK**」というプラットフォームを作り、商品の改善してほしいところや、「あったらいいな」と思う商品についての口コミを消費者が自由に書き込めるようにしているのです。たとえば、大ヒット商品となった「体にフィットするソファ」はこのプロセスから発売に至ったアイテムの一つ。**消費者のニーズが多様化しているなかでも、要望に深く寄り添うアイテムを作る体制を整えているのです。**

消費者を巻き込んで商品を開発する

このように、消費者の声を拾い上げる商品開発の仕方を**消費者参加型商品開発**、消費者でありながら生産者としての側面を持つ顧客を**プロシューマー**といいます。企業でこのシステムを導入するためには、いくつかの条件が揃っていなければなりません。まずは① SNS や掲示板など、プロシューマーが意見を発信して企業側の人とやり取りができるプラットフォームが整っていること。ただし投稿された意見がすべて正しいとは限りません。そこで企業側は②その意見が本当に有益かどうかを見極める力も必要だといえます。また③プロシューマーが参加できるようなテーマなのか、④意見したことでメリットが得られるかどうかも大切なポイントです。**多くの人が発言しやすいテーマを扱い、意見を書き込んだ人にはポイントやクーポンを発行するなどの工夫も重要でしょう。**

プロシューマーを獲得できる条件

企業と消費者が
意見を交換できる場がある

簡単に意見を
投稿できる！

企業が消費者の意見を
的確に判断できること

企業にとって
いい結果に
なることを
選ばないと！

意見を募集するテーマが
簡単であること

マイルを
もらえた！

意見を発信することで
消費者にメリットがある

主婦の目線で
意見をすると……

すべて消費者が
企業に愛着を持っていることが
前提条件です！

「OEM」でダイハツが作るトヨタの車

販売する商品の製造を他社に委託する場合があります。このような形態にはどのような利点があるのでしょうか。

トヨタから販売されている軽自動車「ピクシスエポック」は、ダイハツが製造を行っていることで知られています。**自社で軽自動車を製造していないトヨタが、軽自動車の製造を得意とするダイハツに製造を委託することにより、高い品質と低コストでの軽自動車販売を実現しているのです。**現在、日本の自動車メーカーの多くは他社で製造した自動車を買い取り、部分的な変更を加えたりエンブレムを変えたりして販売しています。このように製品の製造を他社に委託し、それを自社ブランドの製品として発売するビジネスモデルを**OEM**といいます。

販売元と製造元が異なる OEM

軽自動車も作りたいな〜

でもうちだと作ったことないですよね?

トヨタさんならぜひ!

ダイハツ社員

得意な会社に作ってもらうのはどうでしょう?

トヨタ社員

うちも軽自動車を出したいので車体を作ってほしいです

ダイハツ「ミライース」

トヨタ初の軽自動車です!

トヨタ「ピクシスエポック」

開発のためのいろんな費用が抑えられたし、質のいいものを販売できるね!

ネームバリューのあるトヨタさんに売ってもらえてうれしい!

OEMはすでにノウハウのある企業と連携することにより、商品開発にかかる費用や人件費などのコストを大幅に削減できることが最大のメリットです。またファッションブランドがコスメやフレグランスを展開したりするように、自社だけでは実現できない商品のカテゴリーに進出することも可能になります。OEMを導入し成功させるための条件は、①販売元がすでに多くの顧客を獲得しており、商品を選んでもらえるだけの大きな**ブランド力**を持っていること、②十分に需要が見込める市場に参入することです。またOEMを取り入れることにより、製造元が他社に類似商品を提供し、市場に類似商品が出回ってしまうといったデメリットも考慮する必要があるでしょう。

OEMにはリスクもある

受注生産なのに2日で納品できる「ミスミ」の秘密

受注生産の仕組みが抱える、納品までに時間がかかるという課題を、ミスミはどのように解決したのでしょうか？

ミスミは工場の機械や自動車の部品などを受注生産で製造している企業です。この企業の最大の特徴は納品の速さ。通常、受注生産の場合には1週間以上の時間がかかるものですが、ミスミは納品までわずか2日ほどで完了しているのです。**そのスピードの秘密は、半製品（途中までできあがった状態の部品）を世界中の自社工場で生産してストックをしている点にあります。**注文を受けてから半製品を納品地に近い工場へと輸送し、そこで最終的な加工を施すことによって納品までの時間を大幅に短縮することに成功しています。

受注生産品を2日で納品するミスミの仕組み

さらにミスミは世界中に生産拠点や営業拠点を合計40か所所有することで、物流コストの削減を行っています。このように消費者から受注を受けてから商品を作る形態のことを**メイク・トゥー・オーダー**といいます。このビジネスモデルの特徴は、注文を受けてから生産するため在庫のリスクが少ないこと、完成品を販売する企業と比べて顧客の細かいニーズにも応えられることが挙げられます。**このシステムで市場地位を確立するためには、営業や生産、物流などそれぞれの部署がスムーズに連携を取れる体制を整えること、原価と売価のバランスを考えること、さらに他社にはない圧倒的な強みを持っていなければなりません。**ミスミは、受注生産の最大のネックである時間ロスを克服したからこそ、市場で優位な地位を保ち続けているといえるでしょう。

メイク・トゥー・オーダーのポイント

各分野の連携が取れている

お客様の要望を正確に伝えます！

その場合なら会社の利益率も問題なさそうですね！

お客さんも認めてくれる、魅力的な価格だと思います！

これで利益出るかな……

素早く丁寧に作ります！

製造

営業

物流

製品を素早く安全に届けます！

コストと売価のバランスが取れている

他社に負けない圧倒的な強みがある

うちの工場はミクロン単位でサイズを注文できます！

しかも最短2日で納品！

これらがすべて揃って初めて、素晴らしいビジネスモデルになるのです

05 ホンダのジェット機を複数人で所有する

個人や一企業で購入するのが難しい高額な商品を、複数人で所有できるサービス形態です。

船や飛行機、不動産などの高額な商品は、個人で購入するにはハードルが高いものです。このような高額資産を、複数の顧客に買ってもらう仕組みを**部分所有**といいます。このシステムの特徴は、商品の所有権を複数人に分配して販売すること。**オーナーとなった人は、商品を必要な期間だけ所有することで、商品代金だけでなく、メンテナンス代や人件費などの管理費用を大幅に削減することができます。**また正式な**所有資産**となることで、自由に相続や売却を行うことができるのも、このビジネスモデルならではの特徴だといえるでしょう。

部分所有とは？

ホンダは、「Jet It」というジェット機の部分所有ビジネスを展開している企業と提携し、自社のジェット機の所有権を分割して販売しています。個人や企業がジェット機を1台所有するには、本体価格の約5.5億円に加えてメンテナンス代や燃料費、パイロットの雇用など、莫大な費用がかかります。そこでジェット機を複数人で共有する形態を採用し、オーナーそれぞれが使用する日数分のみの管理費やサービス利用料を負担すればいいようにしたのです。**オーナーはコストを削減することができ、企業側はオーナーから得たサービス料や管理費の手数料から収益を得ることが可能になります。**ジェット機などの高額資産を持ちたい消費者にとっても、商品を展開する企業側にとっても有益なビジネスモデルだといえるでしょう。

1台のジェット機を複数人で所有する

06 本体代が後からペイできる「消耗品モデル」

商品の一部を交換して長く使い続けることができる製品は、継続的に利益を獲得することを狙いとしています。

顧客を長期間囲い込む戦略の一つに**消耗品モデル**があります。これは文房具やオフィス用品サービスなどで広く採用されているビジネスモデルで、本体とリフィルを分けて販売することにより、顧客の継続的な商品購入につなげるという仕組みです。たとえば、電子機器メーカーのキヤノンはプリンターにこのビジネスモデルを取り入れることで大きなシェアを獲得しています。**まずプリンター本体を比較的安価に販売して新規顧客を増やし、そこから顧客にリフィルを継続的に購入してもらうことで、長期的な利益を生むことに成功しているのです。**

消耗品モデルで成功を収めたキヤノン

リフィルのような消耗品には、広告代がほとんどかからないことも大きなメリットだといえます。そのため、本体であるコア製品に開発費用や広告宣伝費などを集中させることができるのです。一方で、このビジネスモデルは常にリスクと隣り合わせであることも忘れてはなりません。**サードパーティーがより安価な消耗品を展開するようになれば、顧客が流出する可能性も十分にあり得るのです。** このビジネスモデルを利用して利益を継続的に生み出すためには、他社に負けないクオリティの消耗品を自社で製造したり、信頼できる企業に製造を委託したりする体制が整っていることが必要だといえるでしょう。また、このビジネスモデルで利益を得ることができるのは、コア製品を発売して時間が経ってからになります。コア製品を普及させるための高額な初期投資が無理なくできるかどうかにも着目することが大切です。

消耗品モデルに潜むリスク

07 つながりを作って収益化する「投げ銭モデル」

近年人気を集めるライブ配信では、ファンが好きなだけお金を投じることができる投げ銭システムも注目を集めています。

YouTube や Twitch などのライブ配信で、視聴者が配信者に対してチップを送っているのを見たことがある人もいるでしょう。これらの配信サイトでは、視聴者は任意の金額を支払うことができるようになっています。このように**企業側が価格を定めていないものに対して消費者が好きな金額を支払い、それを収益とするビジネスモデルを投げ銭モデルといいます。**この形態の原型はアーティストのパフォーマンスに対してチップを投げ入れる文化や、海外のサービス産業におけるチップ制度で、昔から世界中で親しまれてきた文化です。

投げ銭モデルの原型はチップ文化

歌上手だね〜

今日もとってもおいしかったです

いつもありがとうございます

すごいパフォーマンス!

大満足だ!

アーティストへの投げ銭

海外のサービス産業に根付くチップ文化

投げ銭モデルの特徴は、企業が定価をつけて販売することが難しいものを収益につなげられること。顧客の**心理的な満足感**が金額に反映されているといえます。このモデルを採用する際には、まずはサービスを提供する側と受け取る側の人たちが集まるプラットフォームを構築しなければなりません。投げ入れた金額を可視化し、高額なチップを送った人ほど得をする仕組みを作ることも重要だといえます。**YouTube では、チップにメッセージを添えて送信する形式になっており、高額なチップのメッセージほど画面に長く残るように設計されています。こうして無料送信されたメッセージとの差別化を図っているのです。** また、投げ銭モデルのプラットフォームにはお金を払わずに楽しむ顧客が一定数いるため、広告やグッズなどの別の形で収益を得ることも検討する必要があります。

視聴者が価値を表現する投げ銭モデル

何度もリリースして何度も儲ける映画ビジネス

映画やアニメ作品を映画館以外で視聴することができるのは、映像作品の特性を活かしたビジネスモデルによるものです。

近年では映画やアニメ、マンガなどのコンテンツ作品がさまざまな媒体で視聴できるようになっています。**映画作品が完成するとはじめに映画館で公開され、しばらく経った後に DVD や Blu-ray、配信サービスで視聴できるようになったり、テレビで放送されたりするのが一般的です。**これは作品の公開媒体を変えることで、何度も収益を得ることができる仕組みです。このようなビジネス展開の仕方は、1 本の作品をさまざまな媒体で上映、放送するために画面のサイズが変化していくことから**ウィンドウイング**と呼ばれています。

1 つの作品で何度も儲かる

このビジネスモデルが誕生したのは、映画の本場ハリウッドです。ハリウッドではまず新作を都市部の大きな映画館で上映し、その後に地方の小さな映画館に展開していく方法を取っていました。こうすることで1本の作品からより長い期間、収益を得ることができたのです。その後、家庭にテレビが普及するようになるとテレビ放送もこの形態に加わり、現在では数多くの媒体を巻き込んだ巨大ビジネスへと発展しています。**ウィンドウイングを成功させるためには、作品を公開する段階で一定の話題性を確保することが最も重要です。また各媒体でリリースするタイミングや価格を見極めることも求められます。**さらには、コンテンツ作品には多くの製作陣が携わっていることから、権利の構造が複雑です。問題が起こらないよう、製作の段階から権利関係が適切に処理されていることも必要でしょう。

ウィンドウイングで収益を最大化するには

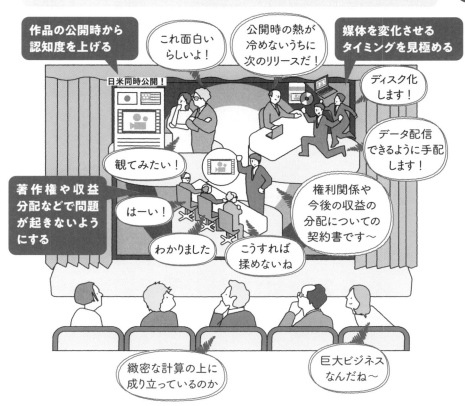

作品の公開時から認知度を上げる

これ面白いらしいよ！

公開時の熱が冷めないうちに次のリリースだ！

媒体を変化させるタイミングを見極める

日米同時公開！

ディスク化します！

観てみたい！

データ配信できるように手配します！

著作権や収益分配などで問題が起きないようにする

はーい！

権利関係や今後の収益の分配についての契約書です〜

わかりました

こうすれば揉めないね

緻密な計算の上に成り立っているのか

巨大ビジネスなんだね〜

09 地域を絞ってシェアを独占する「密度の経済」

コスト削減やシェア獲得のために、特定の地域に集中して出店している小売店は数多く見られます。

チェーンやフランチャイズの小売店のなかには、特定の地域に集中して出店している企業があります。これは、地元密着型のスーパーマーケットやレストラン、コンビニエンスストアなどに特によく見られます。**地理的に近い位置に複数の店舗を配置することによって、物流費や広告費を抑え、事業の効率化を図ることができるのがメリットです。** このように、特定の地域に事業を密集させることでコストを抑えることができるという経済原理を**密度の経済**、これを利用したビジネスモデルを**ドミナント戦略**といいます。

店舗を近くに集めてコスト削減

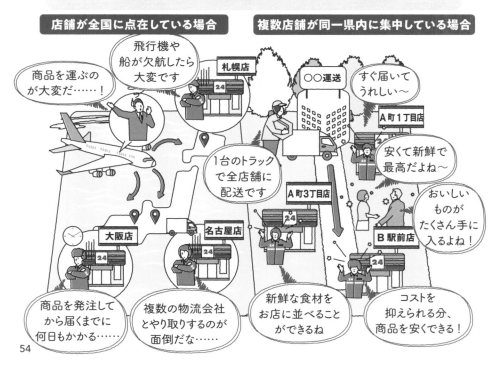

ドミナント戦略を有効に活用しているのが、全国展開しているフランチャイズ方式のコンビニエンスストア・セブンイレブンです。**セブンイレブンは地域ごとに運営ノウハウを共有する戦略を取ることによって、コスト削減に加えて、本部からの営業指導を効率化することに成功しています。**近くの店舗につながりを持たせることで、顧客のニーズに応えられる密着型の店舗づくりが可能になります。こうして同業他社の介入を防ぐ囲い込み作戦につなげているのです。この戦略を活用するときのポイントは、店舗を密集させればさせるほど利益が生まれるわけではないことを知っておくこと。あまりに近くに店舗がありすぎると、店舗同士でつぶし合いが起きてしまう可能性があります。

近くの店舗と協力して顧客を囲い込む

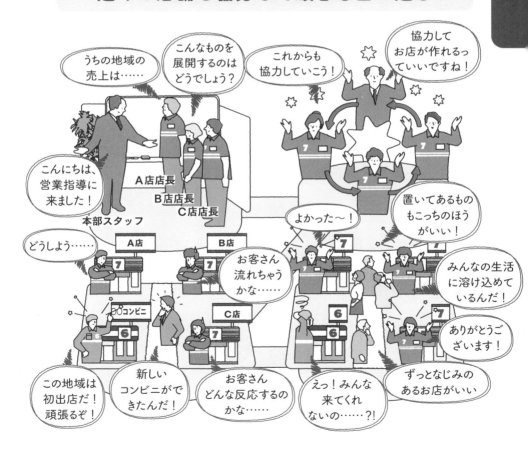

速さを追求して廃棄ロスを減らした日本マクドナルド

オペレーションを見直して速さを追求することで、利益をアップさせることができる場合があります。

マクドナルドでは20年ほど前から、ハンバーガー1個をわずか50秒ほどで作ることができる仕組みを採用しています。**圧倒的なスピードで顧客に商品を提供することに重きを置いた結果、顧客のサービス満足度が向上したことに加え、CO$_2$の削減やフードロスを半減させることに成功しました。**このように、オペレーションにかかる時間を見直すことによって企業が利益を得るビジネスモデルのことを**速度の経済**といいます。このビジネスモデルを採用するためには、2つのポイントを押さえる必要があります。

提供スピードを上げた日本マクドナルド

まずは①時間ロスを削減するための厳密な仕組み作りをすること。作業スピードを上げるには、既存の仕組みの見直しや、新たなシステムの導入が不可欠です。抱えている問題点を改善する体制を、整えられるか否かがポイントになります。次は、②顧客がどのような速度の向上を求めているのかを見極めることです。**たとえばマクドナルドの顧客は、来店から商品の提供までの速度向上を求めていたといえるでしょう。そもそも顧客がスピードの向上を望んでいるのか、またどのような箇所で望んでいるのかを分析する力が求められます。**これらのポイントを押さえることにより、顧客の満足度の向上や利益の改善、商品ロスの削減を実現することが可能になるのです。さらには商品の製造サイクルが早まることから、試作品や新作を低リスクで作ることができるというメリットもあります。

速度の経済を成功させるために必要なこと

11 新しくて模倣しにくい「ブルーオーシャン戦略」

「世の中にはないけれど、みんなが求めていたこと」を実現できれば、競合のないビジネスを確立することができます。

駅構内や駅前などに数多く出店している QB ハウスは、短時間・低価格で施術を行うヘアカット専門店です。美容室や理容室で定番化していたさまざまなサービスを見直すことにより人気を集め、現在では日本国内外に 700 店もの店舗を展開しています。世界中に昔からあるヘアカット業界においてここまでの成功を収めることができた理由は、**既存の業界で一般的とされてきたことに足りないものは何か、省くことができるものはないかを分析した**からです。飽和状態の業界の中に抜け道を見つけ、独自のシステムを構築したのです。

低価格・短時間を追求したQBハウス

QBハウスには、美容師の指名制度やシャンプーのサービスはありません。その代わりにエアーウォッシャーと呼ばれる、切った髪を吸い取る機械を導入しています。企業の工夫で「圧倒的な低価格・短時間施術」を提供し、多忙な人や美容院に苦手意識を持つ人など、多くの顧客を獲得したのです。このように**競争の激しい分野において競争のない空間を作り出し、競争自体に参加しないビジネスモデルを「ブルーオーシャン戦略」といいます。** この戦略を行うときには**ERRCグリッド**（既存のシステムに必要ないものと足りない機能を列挙した図）と、**戦略キャンバス**（他社との競争要因や自社独自の価値を比較する図）を使用し、顧客へ提供できる価値を図式化することが重要です。既存の業界を俯瞰し新たな価値を見出す発想力や、どれほどの需要があるのかを見極める力が求められます。

ブルーオーシャン戦略のための2つの手法

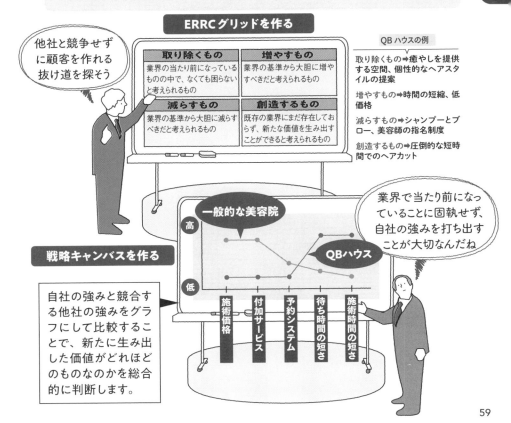

ERRCグリッドを作る

他社と競争せずに顧客を作れる抜け道を探そう

取り除くもの	増やすもの
業界の当たり前になっているものの中で、なくても困らないと考えられるもの	業界の基準から大胆に増やすべきだと考えられるもの
減らすもの	**創造するもの**
業界の基準から大胆に減らすべきだと考えられるもの	既存の業界にまだ存在しておらず、新たな価値を生み出すことができると考えられるもの

QBハウスの例

取り除くもの➡癒やしを提供する空間、個性的なヘアスタイルの提案

増やすもの➡時間の短縮、低価格

減らすもの➡シャンプーとブロー、美容師の指名制度

創造するもの➡圧倒的な短時間でのヘアカット

戦略キャンバスを作る

一般的な美容院

QBハウス

業界で当たり前になっていることに固執せず、自社の強みを打ち出すことが大切なんだね

高
低

施術価格　付加サービス　予約システム　待ち時間の短さ　施術時間の短さ

自社の強みと競合する他社の強みをグラフにして比較することで、新たに生み出した価値がどれほどのものなのかを総合的に判断します。

59

体験を求めて顧客が集まるスターバックス

モノだけでなく、経験や魅力的な体験を同時に与えることで、自社の価値を高めることができます。

消費者が商品やサービスを購入するときは、大きく「モノ消費」と「**コト消費**」に分けることができます。前者は買い物の目的がモノを手に入れることであるのに対し、後者はモノを買うと同時に「この店で購入した」という体験も目的としています。たとえばコンビニでコスメを買うのはモノ消費、一方で休日に百貨店に行き、質の高い接客を受けた上でコスメを購入するという行為はコト消費に分類されるでしょう。このように**消費者に対して体験という価値を提供する「経験価値マーケティング」も顧客を魅了するビジネスモデルの一つです。**

「スタバでコーヒーを飲む」という価値

モノ消費
消費者の買い物の最終的な目的が「商品を手に入れること」である場合の消費。

コト消費
ただモノを買うのではなく、「スタバで買い物をする」という行為そのものに価値を見出している場合の消費。

カフェ分野で、この手法を採用しているのがスターバックスです。ドリンクやフードのクオリティだけでなく、洗練された内装やスタッフの気配り、オリジナルグッズの展開などにも力を入れています。こうして非日常的な空間を作り出すことによって「スターバックスでコーヒーを飲む」という行為そのものに価値を付与することに成功したのです。**消費者に提供することができる経験価値は、五感や感情、知的好奇心を刺激したり、身体を通じて提供したり、コミュニティへの帰属を通じて提供することができると考えられています。**これらの要素を複数組み合わせて既存の製品に新たに追加することによって、このビジネスモデルを取り入れることが可能になります。また、自社の商品やサービスを抜本的に見直す姿勢も重要です。

経験に価値を付ける５つの方法

五感を刺激する（感覚的価値）

感情を動かす（情緒的価値）

知的好奇心や創造力を刺激する（認知的価値）

身体を通じて体験する（肉体的価値）

コミュニティを通じて体験する（関係的価値）

あなたのお誕生日にちなんだお花はこれです

いらっしゃいませ

あなただけの花束です

新作の美容液、いかがでしょうか？

おしゃれな店内と心地よいBGMだ……！

誕生花だって！

自由に作れるのか！

スニーカーを自由にカスタマイズできます！

いいですね！

やってみたい！

ありがとうございます！

作品素敵でした〜！

モノを買うだけより

体験できるのがいいね

13 新興国の低所得者を救ったフマキラー

殺虫剤メーカーのフマキラーは新興国に事業を展開し、低所得者層の課題解決とビジネスを両立させました。

日本の殺虫剤分野で高いシェアを誇るフマキラーは、インドネシアに事業を積極的に展開していることで知られています。インドネシアは熱帯地方で虫が多く、虫を媒介した感染症が発生している地域。その一方で高性能な殺虫剤が普及していない現状があります。そこで**フマキラーは現地の蚊を研究し、独自に製造した殺虫剤を現地で発売することを決めました**。「ワルン」と呼ばれるインドネシア特有の小売店に直接営業をかけて商品を展開してもらうと同時に、営業スタッフが庶民の自宅を直接訪問して試供品を配ったのです。

新興国に価値を提供したフマキラー

その結果、殺虫剤の試供品を使った人々はワルンで継続的に製品を購入するようになり、フマキラーはインドネシアの低所得者に多くの顧客を獲得しました。また営業スタッフには多くの現地の女性を採用し、女性雇用の機会を設けることにも力を注いだといいます。このように、新興国の低所得者層（年間所得 3,000 ドル未満）をターゲットにビジネスを展開することを **BOP（Base Of the Pyramid）モデル**といいます。**このビジネスモデルを行う際には、自社の利益を追求するだけでなく、低所得者の収入を向上させることや、現地が抱える社会問題の解決に取り組むことが求められます。** 企業と貧困層の人々が**持続的**に協力していく体制を整えることが重要なのです。それと同時に、現地で育まれてきた文化や習慣を尊重し、お互いを理解した上で事業に取り組むことも忘れてはなりません。

BOP モデルが実行できる条件

「魚がいないだけ」の
ブルーオーシャンに注意

　　Chapter 2の中で「ブルーオーシャン戦略」
の有効性について解説しました。たくさんの競合
がしのぎを削る激戦区、いわゆるレッドオーシャ
ンから抜け出し、競合のいない市場を開拓する
ことで優位なポジションを取るというものです。

　　誰も提供できていない価値を生み出そうとする
この戦略が成功すれば、その価値を求めていた
消費者にとっても、利益を独り占めできる事業者
にとっても喜ばしいことでしょう。しかし「競合が
いない市場」を見つけたからといって、「そこに
ニーズがあるか」という視点をおろそかにしては
なりません。

競合がおらず、チャンスとばかりに参入したの
はいいものの、提供する価値があまりにもニッチ
である場合や、ニーズ自体が極めて小さい市場
だった場合には、ビジネスにならないことがあり
ます。

　レッドオーシャンという言葉は、ニーズという
魚を求めて競合が血みどろの戦いを繰り広げる
様子を表したものです。その反対の意味を持つ
ブルーオーシャンに競合がいないのは、そもそも
魚がいない海だからという可能性が大いにある
のです。

　空いている市場を探すことはビジネス上の優
位性を作るために重要ですが、ニーズは本当に
存在するのか、そしてそのニーズを満たすため
の価値をどうやったら提供できるかという検討を
怠ってはなりません。

ビジネスモデルはどのように変化しているのか？

目まぐるしく変化していく時代に合わせて、 ビジネスモデルもどんどん
その形を変えています。 ビジネスモデルの移り変わりを象徴するキー
ワードや、 新しい常識をチェックしてみましょう。

01 社外から広く技術を集める「オープンイノベーション」

自社だけでは生み出せない新たな価値を創造するために、外部の技術者や企業から広く知見を集める手法です。

かつてビジネスの世界では、「自社の製品は企画から製造まで自社で行う」「ノウハウや技術を他社に流出することは厳禁」というのが常識だとされてきました。しかし近年、この常識が覆り始めています。自社の製品開発にほかの企業や研究機関、外部の技術者などが積極的に参加するようになってきているのです。**このように、社外から技術や知識を広く募集して製品やサービスを提供する手法のことをオープンイノベーションといいます。**このビジネスモデルの最大のメリットは、自社のリソースだけでは生み出せない製品やビジネスモデルを作り出すことができる点です。

「自社で完結させる」ことの難しさ

オープンイノベーションの先駆けとして知られる企業が、美容やオーラルケアなどの製品を展開するＰ＆Ｇです。同社は 20 年以上前から社外の技術を積極的に取り入れています。開発を進めているテーマをウェブサイトで公開し、技術やアイデアを広く募集しているのです。このような手法が普及した背景の一つには、製品開発コストの高騰があると考えられています。これは特に、製品化までさまざまなプロセスがある製薬メーカーや化粧品メーカーによく見られる、開発時のコストを回収することが難しくなっているというものです。**そこで外部の知見を利用することにより、コストを抑えながらビジネスの幅を広げることができるというわけです。** 一方で、収益の分配を明確にする必要があったり、自社の知的財産が外部に流出する可能性があったりすることに注意する必要があります。

外部からオープンに知見を取り入れる

02 オープンイノベーション 時代の3つの戦略

オープンイノベーションを実践する際には、大きく3つの戦略を取ることが有効だといわれています。

オープンイノベーションを実行する場合、主に3つのビジネスモデルを選択することができます。まずは**ライセンスモデル**です。これは、自社の知見や技術を他社に提供する際にその対価を得る方法のことです。**前項で紹介したP&Gはこれを積極的に取り入れており、同社が開発した技術が市場に出回ってから、3年または5年が経過すれば社外で利用することができる仕組みをつくりました。**このモデルでは、相手に独占的な権利を与えなければ2次的な利益、さらにライセンスを与える時期や範囲を調整することで3次的、4次的な利益にもつなげられることがメリットです。

オープンイノベーションを制する戦略

2つ目は**売却**です。これは自社で十分に活用できていない知的財産や技術を外部に売り出す方法。「資源を求める法人を顧客にし、自社の財産を売却する」という一般的なモノの売買と同じ構造であることから、非常にシンプルな形態だといえるでしょう。この戦略のメリットは、**売却の時点で利益を得ることができるため収益を得るまでのリスクが少ないことです。その反面、顧客が大きな収益を獲得しても、自社には利益が入ってこないことがデメリットだといえます。**3つ目の戦略は社内の部門ごとに新たな会社として独立させる**スピンオフ**です。一つの会社として独立させることで、より自由にビジネスを展開することができます。また、親会社とは異なる出資者を獲得することができる可能性が出てくることも大きなメリットだといえるでしょう。

03 製品販売からサービス提供へ「SaaS」「IaaS」「PaaS」

PC やソフトウェアなど、あらゆる製品がサービスとして提供されるビジネスモデルが増えています。

これまで、製品を顧客に利用してもらうには、利用者への販売が一般的な形でした。しかし近年では、それらを「サービス」として利用者へ届けるモデルが広まっています。これは、**「消費者はモノを所有したがっている」という常識が覆ったことによって生まれたものです。** このように、消費者に自社の技術や価値をサービスとして展開するビジネスモデルを**アズ・ア・サービス**といいます。これは初期の頃には IT 業界で広く活用され、その後、自動車業界や機械メーカーなどにも普及していきました。

提供するのは「モノ」から「サービス」へ

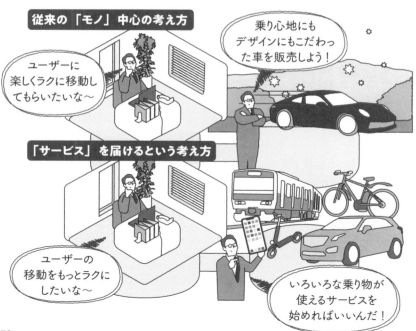

現在、このビジネスモデルが急速に広まっているのが**クラウドコンピューティング**の分野です。たとえば、以前は箱に入った状態で店頭に並んでいたようなソフトウェアを、インターネット上で提供する「SaaS」。これは個人や法人問わず多くの人が利用しているサービスで、Gmail や Dropbox などが当てはまります。アプリケーションを立ち上げるために必要な環境を整えたプラットフォームは「PaaS」と呼ばれます。**主にエンジニアが使用する専門的なツールですが、基本的なプログラムがセットになっているため、開発時のコストや時間を大幅に短縮することができます。** さらには、自分の PC に専用のソフトウェアを導入しなくても、インターネット経由で仮想サーバーやソフトウェアを利用することができる「IaaS」というサービスも存在します。

広がる「アズ・ア・サービス」

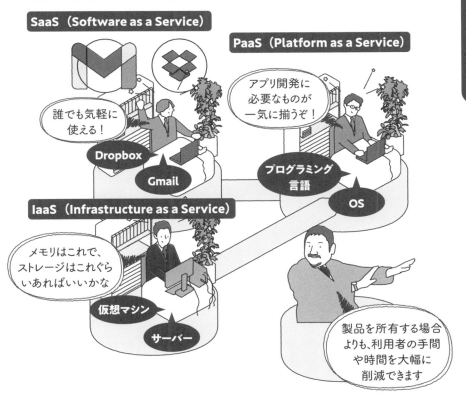

SaaS（Software as a Service）

PaaS（Platform as a Service）

アプリ開発に
必要なものが
一気に揃うぞ！

誰でも気軽に
使える！

Dropbox

Gmail

プログラミング
言語

OS

IaaS（Infrastructure as a Service）

メモリはこれで、
ストレージはこれぐら
いあればいいかな

仮想マシン

サーバー

製品を所有する場合
よりも、利用者の手間
や時間を大幅に
削減できます

04 顧客同士を結び付ける「プラットフォームビジネス」

ただ顧客にモノやサービスを届けるのではなく、顧客同士がつながる場を提供するビジネス形態に注目が集まっています。

従来のモノの価値が生み出される過程は、製品を企画したのちに製造・加工し、顧客のもとへ届けるという連鎖型が一般的でした。しかし近年は、顧客同士がつながる場を提供するプラットフォーム型のビジネスモデルが目立ってきています。このプラットフォームビジネスは、大きく2つに分類することができます。1つは**ネットワークを構築することで取引やモノの売買を仲介する「取引プラットフォーム」**。もう1つは、**他社がイノベーションを行う際に技術面をサポートする基盤となる「イノベーションプラットフォーム」**です。

顧客同士を仲介するプラットフォーム企業

取引プラットフォーム

- 商品が欲しい！
- モノの売買を仲介します！
- 商品をたくさん売りたいです！

消費者 / 出品者

イノベーションプラットフォーム

- 優れた機能を使いたい！
- 技術面をサポートします！
- アプリを提供したい！

利用者 / サードパーティー

プラットフォーム型で成功を収めた企業の例に挙げられるのが、世界中で民泊事業を展開している Airbnb（取引プラットフォーム）です。同社は空き部屋を貸し出したい人と宿を探している人を仲介する役割を担っています。**部屋の持ち主は収入を得ることができ、宿泊者は一般的なホテルにはない、現地の生活に根差した体験をすることができるのです。** また、このビジネスでは、部屋の提供者を多く獲得できればできるほど宿泊したいユーザーが増えていき、市場規模を拡大できる点が大きな特徴だといえます。実際にこのプラットフォーム型のビジネスは、従来の価値連鎖型のシステムと比べて収益性が非常に高いことがわかっています。

利益を出しやすいプラットフォーム型

"第三者" が iPhone の価値を高めている

開発の基盤を提供するイノベーションプラットフォームでは、自社製品の価値を他社によって高めることができます。

P74 で紹介した**イノベーションプラットフォーム**は、製品をサポートするモノやサービスの開発を社外に促すことが特徴のビジネスモデルです。この市場で大きな成功を収めている企業がアップルです。**同社は iPhone を顧客へと販売すると同時に、アプリケーション開発市場（App Store）にほかの企業や開発者を積極的に取り入れています。**アップルだけでは生み出すことのできない、さまざまな利便性の高いアプリケーションが生み出されることにより、iPhone そのものの価値が高まっているといえるでしょう。

サードパーティーが価値を付与する

イノベーションプラットフォームでは、サードパーティーによる積極的な開発によって、商品自体の価値がしだいに上がっていきます。

このように、もとの製品の価値に**サードパーティー**が生み出した価値が上乗せされていくほど、顧客の満足度が高まっていく効果をネットワーク効果といいます。この効果を利用したイノベーションプラットフォームの大きなメリットは**一度、価値を上乗せするサードパーティーを獲得し、充実したサービスが提供できる環境が整うと、雪だるま式に多くの利用者を獲得していくことができる**ということです。またその際に、製品そのものの代金に加えて、サードパーティーの売上の一部を継続的に獲得することができることも強みだといえるでしょう。イノベーションプラットフォームとは、さまざまな人が製品に介入することによってプラットフォームそのものの価値や魅力が拡張されていく仕組みなのです。

アプリ開発者によって価値が高まる iPhone

06 従来型ビジネスとプラットフォームを融合させる

従来型の価値連鎖ビジネスに、プラットフォーム型の要素を埋め込むことに成功したのがアマゾンです。

伝統的なビジネスの手法は、**価値連鎖型**と呼ばれています。特徴として、一方が製品やサービスを提供し、もう一方ができあがったものを受け取るという、一直線の流れをたどる点があります。たとえば機械を製造する工場のように、小さな部品を自社の技術で組み立て、消費者にとって価値のある製品にするといった具合です。**ここでは、モノやサービスの価値（価格）は生産の過程で段階的に向上していくものだといえるでしょう。また、それぞれの過程のインプットとアウトプットの差を最大化することで利益を生み出します。**

価値連鎖型＋プラットフォーム型

価値連鎖型（従来のシステム）

従来の価値連鎖型では、モノができあがっていく過程でしだいに価値も向上していきます。利益は、各段階のインプットとアウトプットの差をどれだけ大きくできるかで決まります。

マーケットプレイス事業

商品をたくさん売りたい！

完成！

少しずつ大きくなっていく！

モノを生み出す過程で価値が生まれていくんだ

出品者

出品者と消費者をマッチングさせます！

あともう少し……！

最初は小さいけれど

アマゾンは価値連鎖型の伝統的なシステムとプラットフォームビジネスを融合させたことにより、大きな成功を収めた企業です。**商品を仕入れて販売するEC事業は価値連鎖型のモデルでしたが、そこに出品者と購入者を仲介するマーケットプレイスを取り入れ、さらにはクラウドサービスのAWSを展開するなど、価値連鎖型とプラットフォーム型双方のビジネスが組み合わさっているのです。**マーケットプレイスでは出品者を外部から募る取引プラットフォームで、自社による仕入れ販売だけでは不十分だった多種多様な商品を展開することに成功しました。AWSはイノベーションプラットフォームで、サードパーティーにクラウド内で利用できる独自のソフトウェアを開発してもらうことで事業そのものの価値を高めています。

プラットフォームビジネスを取り入れる

アマゾンは書籍のネット販売からスタートし、その後プラットフォーム事業を展開し始めました。伝統的な形と新たな形を融合させることで大きな成功を収めているのです。

07 継続的な顧客をつかむ「サブスクリプションモデル」

モノやサービスを購入して「所有」する時代から、
継続的に料金を支払い「利用」する時代になってきています。

音楽や映画、ドラマなどを楽しむために**サブスクリプションサービス**に加入している人も多いでしょう。これは、1カ月や1年など期間ごとに決められた利用料を支払うことで、さまざまなコンテンツやサービスが受けられる形態です。**インターネットが普及する以前には、新聞や雑誌、カタログなどの定期購読に限られていましたが、急速なデジタル化に伴って、瞬く間に市場が広がりました。**音楽や映像作品などのデジタルコンテンツに限らず、自動車や食品業界などでも活用され始めています。

さまざまな分野に広がるサブスク

コンテンツ配信
NETFLIX
いつでもどこでも映画が観られる！

自動車
好きな車が乗り放題！

食品デリバリー
おいしい〜！

ファッション
いろんな洋服やバッグが使えるね！

このモデルを採用すると、サービスを提供する側にも利用者にも大きなメリットが生まれます。前者の大きな利点は、そのつど商品を販売するよりも継続的に一定の利益が見込めることです。利用者が解約しなければ常に利用料を集め続けることができるため、将来的な利益の予測を立て、思い切った決断や投資をしやすくなるでしょう。後者の利点は、気軽にさまざまなモノやサービスを楽しめることです。たとえば膨大な数の楽曲や映像作品がラインナップされている配信サービスであれば、異なるコンテンツに毎日触れることができるようになるのです。**このビジネスモデルを成功させるためには、新規顧客の獲得と既存顧客の囲い込みの両方をバランスよく行うことが大切です。** 途中解約の数をできるだけ減らし、新たな利用者を獲得することで安定して収益を伸ばすことができます。

提供側から見るサブスクの利点

買い切り型の場合

売り上げが安定しないな……

頑張りましょう！

商品を売るぞ！

はい！

本当ですね……

予測が全く立ちません！

サブスクサービスの場合

使い続けてもらう工夫も必要だね！

たくさんの人に使ってもらおう！

投資計画も立てやすいよ！

頑張りましょう！

収益が安定していますね！

本当だ……！

 08 サブスクリプションで必須の「真の顧客ファースト」

サブスクリプションサービスで最も重要なことは、顧客の満足を高いままキープし、継続して契約してもらうことです。

モノを販売する従来のサービスは、モノを販売した時点で利益を得ることができるため**売り切り型**と呼ばれます。このモデルで最優先されるのは、いかに消費者に商品を買ってもらえるかという点でしょう。このモデルでは、**販売数を伸ばせばそれだけ大きな利益を得ることができるため、宣伝や広告といった商品の売り込み方が追求され、顧客への関心や購入後の満足度に関してはあまり重要視されていない場合もあります。**つまり従来のサービスにおいては、提供する側は商品を主体としているといえるのです。

モノに焦点がある売り切り型

一方でサブスクリプションのように、利用者が継続的に利益をもたらすモデルのことを**継続モデル**といいます。最も重要なのは、いかに顧客満足度を高いままキープし、途中で解約をされないようにするかということ。たとえば毎月の解約率（チャーンレート）が5%の場合には1年後には当初の54%しか残らないのです。**売り切り型とは異なり、サービス提供者と顧客の関係性が途切れることなく続いていくサブスクリプションモデルでは、提供する側の焦点は常にユーザーにあり、「ユーザーは今、何を欲しているのか」を考え続ける必要があるといえるでしょう。**顧客の生活水準を向上させたり、仕事や娯楽の分野などで表現したいことをサポートしたりといった、顧客満足を目指した絶え間ない努力が求められます。

顧客との関係性が終わらない継続モデル

無料で引きつけ拡張機能で課金する「フリーミアム」

サービスを制限付きで無料で開放することで、多くの新規顧客を取り込むことが可能になります。

フリーミアムモデルとは無料を意味する「フリー」と有料を意味する「プレミアム」を組み合わせた造語です。配信サービスやインターネットゲームなどで広く用いられているビジネスモデルで、**一部機能は無料で利用でき、機能を拡張したい場合には課金をして有料版を購入する必要があるシステムのことを指します。** このモデルの最大のメリットは、無料版をいいと思ったユーザーだけが課金をするため、前項で紹介したサブスクリプションサービスよりも**収益の安定化**を狙える点です。

収益が安定しやすいフリーミアム

この動画編集ソフト気になるなあ

1カ月無料で使えるしやってみよう!

すごく機能が充実している……!

これは契約しなきゃ!

フリーミアムモデルでは、サービスに本当に満足した人だけが有料会員に移行します。そのため、通常のサブスクリプションサービスよりもさらに安定した収益が狙えるのです。

フリーミアムは4つのタイプに分類することができます。まずは**①機能制限**。**これは一部の機能を全ユーザーに無料で公開し、一部の機能は有料で開放する**というものです。たとえばストレージサービスの Dropbox は無料プランと2つの有料プランを設定しており、ストレージの容量やデータの編集権限といった機能に差をつけています。2つ目は**②期間制限です。登録から1カ月間は無料、それ以降は料金が発生する**などというもの。多くのユーザーを取り込むことはできますが、すぐに登録解除する人が多いことがデメリットです。また**「スタートアップ企業に限り無料」**といったように**③顧客のタイプ制限**をかけるサービスや、**「3人までは無料で4人以上での利用なら有料」**などの**④人数制限**をかけるというフリーミアムモデルも存在します。

フリーミアムモデルの4つのタイプ

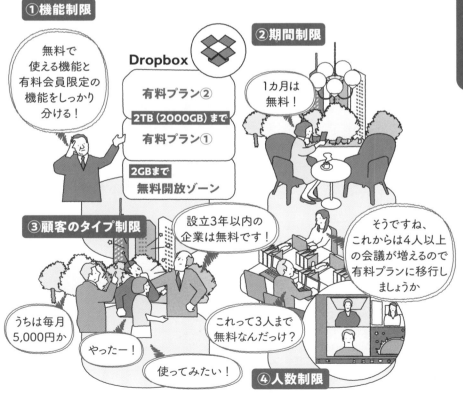

①機能制限

無料で
使える機能と
有料会員限定の
機能をしっかり
分ける！

Dropbox

有料プラン②

2TB（2000GB）まで

有料プラン①

2GBまで

無料開放ゾーン

②期間制限

1カ月は
無料！

③顧客のタイプ制限

設立3年以内の
企業は無料です！

そうですね、
これからは4人以上
の会議が増えるので
有料プランに移行し
ましょうか

うちは毎月
5,000円か

やったー！

使ってみたい！

これって3人まで
無料なんだっけ？

④人数制限

10 フリーミアムの成否を分けるポイントとは？

サービスの一部を無料で提供するビジネスモデルだからこそ、気を付けるべきポイントがあります。

フリーミアムモデルを成功させるために大切ないくつかのポイントがあります。1つは、有料版と無料版で提供するサービスの差をしっかりとつけること。**無料版の機能が充実しすぎていると、有料会員に移行する利用者は現れなくなってしまうでしょう。一方で、無料版で機能を制限しすぎてしまうと利用者にサービスの魅力を伝えることができなくなるという難しさもあります。**ユーザーが、**対価を支払うだけの価値**を感じられるような設計をすることが重要だといえます。

有料版に移行してもらうためには

提供サービスの差をしっかりつける

わかりやすく棲み分けをすることが大事！

無料でできること　有料版でできること

なるほど！

ちょうどいいバランスに調整することが大事だよね

無料版を充実させすぎると……

お金を払わなくても十分満足できる！

会社にお金が全然入ってこない……

無料版の機能に制限をかけすぎると……

サービスの魅力が全然伝わっていない……！

全然使えないじゃない！別のサービスを使うわ！

また、自社の有料サービスと同程度のものを無料で提供する企業が現れる場合があります。そうなると既存顧客の解約や新規顧客の減少につながるため、**フリーミアムモデル以外でもある程度の収益を得られる仕組み**を作ることも有効です。2つ目は有料版の提供にコストをかけすぎないこと。フリーミアムモデルでは、サービスの開発費用や無料版を多くの人に認知してもらうために使った広告費用を有料版の会員料金でまかなう必要があります。そのため、有料版に多くのコストがかかってしまうと、それだけ自社の収益が減少してしまうのです。別に発生するコストがほとんどゼロであることが理想的な状態だといえます。3つ目は有料版の価格を適正に設定すること。ライバル企業が展開しているサービスや社会の動向をチェックし、常に適正な水準に保つ必要があります。安すぎると信頼性を失う場合もあるからです。

有料版にコストをかけすぎない

無料版を提供するにはこんなにコストがかかっているんだ

だから有料版にもコストをかけていたらペイできなくなっちゃうんだよ

わかりました！

宣伝費・広告費　初期開発費用　メンテナンス代　人件費

追加のコストがゼロになるのが理想ですよね

適正な価格設定にする

利用料が安すぎると……

利益が出ないよ……

利用料が高すぎると……

毎月300円！お得！

ちょっと待ってください……！

毎月5,000円なんてばかげている！別のサービスを選ぶぞ！

11 所有から利用へ 「シェアモデル」

シェアリングサービスが急速に普及している背景には、デジタル技術の発展があります。

かつては、「いい車が欲しい」「高性能なPCが欲しい」といった人々が持つ欲求に対して、その**所有欲**を満たすためのビジネスが考えられていました。しかし近年では、消費の仕方の常識が根底から覆っています。**「モノを持たなくても使うことができればいい」という意識が生まれたのです。そこで、モノを売るサービスからモノを貸し出して共有するサービスが急速に発展しました。**企業や個人の所有物を第三者に貸し出すビジネスモデルを、**シェアリングエコノミー**といいます。

定着しつつあるシェアの文化

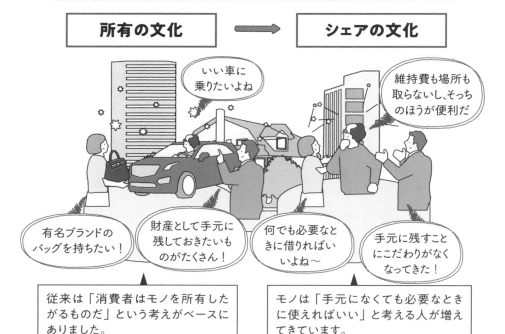

このビジネスモデルでは、時間や技術、空間など、目に見えないものでも共有することができることが特徴です。たとえば、シェアオフィスとして空間を提供したり、ウーバーのライドシェアでは移動手段が提供されています。 このパラダイムシフトの背景には、デジタル技術の発展に伴う2つの状況の変化があるといわれています。まず1つは情報伝達の効率が向上したこと。誰もが気軽にスマートフォンやPCなどのデバイスを持ち歩くようになったことから、大勢の人にリアルタイムで情報を届けることができるようになりました。もう1つは信頼性が高まったことです。デジタル上でも安全に個人情報を取り扱うことができるようになり、サービス利用時にアプリで高度な本人確認を行い、取引の開始から決済、さらにレビュー制度が提供されるようになったために、面識のない相手とも安心してやり取りができる環境が整ったのです。

デジタルがシェアモデルの機運を高めた

12 シェアモデルの狙い目は「需給のアンバランス」

シェアモデルを採用して成功を収めるには、ユーザーの願望と市場規模が見合っていないものに注目することが重要です。

シェアモデルを成功させるには、ユーザーは欲しがっているけれど手に入りにくい状況にあるものに目をつけ、提供することがポイントです。たとえば都市部では時間帯や天気などの条件により、タクシーが拾えない状況が起こるもの。さらにタクシーは高いと思う人も多いでしょう。そこでライドシェアサービスを展開すれば、安く車で移動したい需要と走っている車という供給を結ぶことができるわけです。このビジネスモデルでは、このように需給バランスが崩れているところに目をつけるのが重要なのです。

需給バランスに目を向ける

akippa は、日本でサービスが始まった駐車場のシェアリングサービスです。都市部や観光地に車で行ったとき、空いている駐車場がなかなか見つからずに困った経験がある人も多いでしょう。そこで、**契約されていない空き駐車場や個人の駐車場を、1日単位で利用することができるサービス**が生み出されたのです。現地でリアルタイムにコインパーキングを探す手間が省けるため、多くのユーザーを獲得しています。また世界中で民泊のシェアモデルを行っているのが Airbnb。これは、余っている部屋や空き家をユーザーに向けて貸し出すサービスです。ホテルよりも手軽に宿泊できることから人気を集めています。さらにサービス利用時には本人確認書類の提出を求めたり、相互のレビュー制度を導入したりして安心して利用できる仕組みを構築しています。

都市部の駐車場問題を解決した例

akippa　契約されていない駐車場や個人の駐車スペースなどを、気軽に貸し出すことができます。貸し出した人は、ユーザーが支払う利用料から手数料を除いた報酬が得られます。

13 コロナ禍によってパラダイムシフトが加速した

当たり前の日常を根底から覆した新型コロナウイルス感染症。
あらゆる分野のパラダイムシフトを加速させています。

Chapter 3 で解説してきたパラダイムシフトは、近年に限った動きではありません。**インターネットが普及したこと、個人がデバイスを持ち歩くようになったころからゆっくりと進んできたものです。しかし、世界中で新型コロナウイルス感染症が流行したことにより、この動きは急激に加速しました。**さまざまな場面で同時進行的にパラダイムシフトが引き起こされた背景には、**技術的な進歩**とそれに伴う人間の**心理的変化**の2つのポイントがあると考えられています。まず1つはデジタル化の拡大による技術的な進歩です。

非接触にうってつけのデジタル化

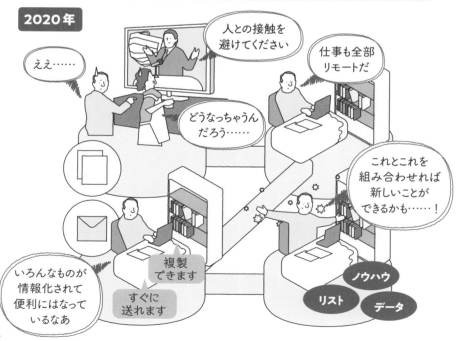

コロナ禍によって、それまで対面で行われていたことやサービスを、非接触で行わなければならなくなりました。そこで重宝されたのがさまざまなモノを情報に変換するデジタル化です。**デジタル化された情報やノウハウは、簡単に伝達することや複製すること、それらを組み合わせることが可能であるという特徴があります。** それまで個人や企業の中にとどめられていたものが一気にデジタル媒体に変換されたことにより、新たな価値が生み出されているといえるでしょう。もう1つの要因は人間の心理的変化です。人は通常、環境が急激に変化するのを嫌がりますが、コロナ禍によって当たり前だった日常が強制的に変化します。あまりにも強制的で急激だった変化に対しては「どうにか順応しなくてはならない」という心理が働き、あらゆる変化を前向きに受け入れられるようになっているといえます。

変化があまりにも急激だった

14 デジタル化で「オーダーメイド」がしやすくなった

以前はハードルが高かったオーダーメイド。近年ではアプリや
Web を使って気軽に行えるように進化しています。

YouTube や Netflix などの動画配信サービスでは、自分の好みの動画や作品
がトップページに表示される仕組みがあります。動画を見終えたときにも他
のおすすめが表示され、ついやめられなくなってしまう人も多いかもしれま
せん。このようなサービスは、閲覧履歴や検索履歴からユーザーごとに最適
なコンテンツを表示するアルゴリズムで構築されています。**このように個人
に合わせてサービスを提供するビジネスモデルをパーソナライゼーションといい
ます。**顧客 1 人 1 人に最適な価値を提供することができるという強みを持っ
ています。

パーソナライゼーションとは？

すでにサービスの提供が終了しましたが、資生堂は、美容液をユーザーの肌質や悩みに合わせて調合するサービスを展開していました。顧客が肌を撮影した画像をアプリで送信し、次に同社が長年蓄積してきたさまざまなデータと組み合わせます。これらの情報を組み合わせることにより、その時々に最適な美容液を届けるといったものです。市販の既製品では決して実現できない商品価値や体験を提供しているのです。また、対面でオーダーメイドをするときと比べて心理的なハードルが低いのも、ポイントといえるでしょう。**このようにパーソナライゼーションは、デジタル化の進歩によって、多様な方法で用いられているのです。** このビジネスモデルを成功させるためには、まずは多くのデータを蓄積できる市場規模を獲得できるかどうかがポイントです。またそのデータを適切に分析し、顧客に提供するアルゴリズムの構築にも力を入れる必要があります。

デジタル化で加速するパーソナライズ

消費のスタイルが
一変した「タイパ志向」

　若い世代を中心に、近年「タイパ（＝タイムパフォーマンス）」志向が強まっているといわれています。時間効率を重要視した行動を選ぶ人たちが多くなっており、その傾向が消費行動にも反映されているという分析があります。

　たとえば、動画配信サービスの多くでは倍速試聴ができる機能が導入されていて、これを使って映像コンテンツを 1.5 倍や 2 倍の速さで視聴する人が現れているのです。また、TikTok などに代表される、1本あたりの再生時間が非常に短い動画も人気を集めているほか、書籍の内容を要約するサービスなども多くの会員を獲得しています。

音楽でも、曲のサビだけを楽しむ人たち
が増えているようで、通信カラオケ「JOY
SOUND」では、サビの部分だけを歌うことが
できる「サビカラ」というサービスが始まりました。

　タイパ志向が広まった理由についてはさまざま
な見解がありますが、サブスクリプション型の配
信サービスが普及したことは大いに関係している
ことでしょう。膨大なコンテンツにいつでも触れ
られる時代になり、1つのものをじっくり楽しむより
も、たくさんの種類を少しずつ楽しみたい消費
者が増えたのかもしれません。

　あまりにも時間効率ばかりを重視する消費の
傾向に、否定的な見方を示す声も存在しますが、
若い世代を中心にこうした消費行動がにわかに
定着し始めている事実を、頭の片隅に置いてお
くべきといえるでしょう。

Chapter

4

BUSINESS MODEL
mirudake notes

DXがもたらした
新しいビジネスモデル

新時代のビジネスモデルを学ぶ上で、DX（デジタルトランスフォーメーション）の存在を欠かすことはできません。デジタルの力によってこれまでの常識を打ち破った事例を紐解いていきましょう。

01 デジタルでビジネスモデルごと変革するDX

日本語では「デジタルへの転換」と訳されるDXですが、単なるデジタル化のことを指しているわけではありません。

DXとは「**デジタルトランスフォーメーション**（Digital Transformation）」の略で、日本語にすると「デジタルへの転換」という意味になります。経済産業省が2018年に発表した「DX推進ガイドライン」で、**DXは「企業がビジネス環境の激しい変化に対応し、データとデジタル技術を活用して、顧客や社会のニーズを基に、製品やサービス、ビジネスモデルを変革するとともに、業務そのものや、組織、プロセス、企業文化・風土を変革し、競争上の優位性を確立すること」**と定義されています。

デジタル化とDXの違い

郵便です

手間を省いてコスト削減できる

電子ファイル・電子印鑑・電子メールなど、アナログ媒体をデジタルに置き換えるのは「デジタル化」です。

つまりDXとは、IT機器を導入して業務を効率化したり、事務を電子化するといった単なる「デジタル化」を指すものではありません。DXのゴールは、顧客や社会のニーズを満たすための全く新しい価値を生み出すことであり、**デジタル技術の活用は、あくまでその手段にすぎない**ということになります。もちろんデジタル化によって競争優位性を高めることはできますが、競合他社も同じような取り組みをするかもしれません。重要なのは、自社のビジネスや組織の仕組みそのものを転換することであり、デジタル技術の活用を通じて新しいビジネスモデルを確立し、全く新しい価値を提供することです。デジタル機器を業務に取り入れればDXの完成だというのは誤解であり、本来の目的を見失わないことが大切です。

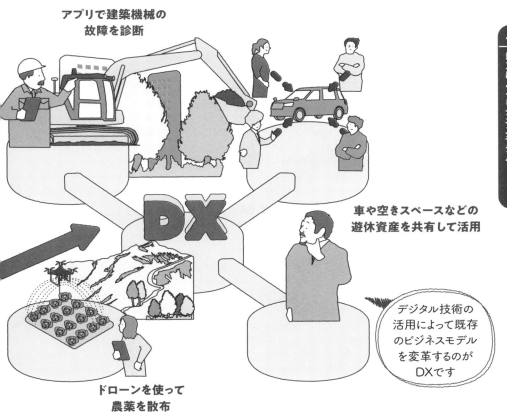

アプリで建築機械の故障を診断

車や空きスペースなどの遊休資産を共有して活用

デジタル技術の活用によって既存のビジネスモデルを変革するのがDXです

ドローンを使って農薬を散布

02 DX 時代に増えるのは 取引を支えるビジネス

DX 時代には、取引相手を探している人同士をデジタルの力で結びつけるビジネスの躍進がカギになります。

これまでは、モノやサービスを提供して対価を得るビジネスが多数を占めていました。そのようなビジネスにおいて競争力になるのは、他社にはない価値を持つモノやサービスを提供することです。一方、**DX 時代には、モノやサービスの提供だけでなく、それらの取引を支えるビジネスが重要になると考えられています。** デジタルの発達によって業界全体の仕組みが変化することで、モノやサービスの提供方法も多様化し、その取引をまとめ上げるビジネスの必要性が高まるからです。

モノやサービスを提供する伝統的ビジネス

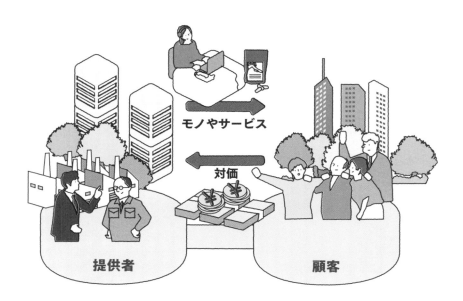

モノやサービス

対価

提供者　　　　　　顧客

DX時代ならではのビジネスは、今まで取引されることのなかったモノやサービスを取引する、新しい「**場の創造**」が一つの特徴になります。たとえば出前プラットフォームのウーバーイーツは、バーチャルな取引の「場」を作り、料理を配達したい店と配達員を結びつけました。フリマアプリや動画配信サービス、クラウドサービスなどもバーチャル化した取引の場だといえるでしょう。このような **DX時代に拡大する取引を支えるビジネスは、社会に新たな価値をもたらすことでしょう。**

バーチャルな取引の場の創造

03 DXでビジネスの非効率を取り去る

DX によって、既存のビジネスの中に潜む非効率を減らせると期待されています。

モノやサービスの取引には、製造から営業、受発注業務、物流などたくさんの工程が存在します。その多くは、ビジネスを成立させるために不可欠な作業であるといえますが、なかには、その企業や業界にはびこる非効率な慣習だといえるものもあるでしょう。**DX は、そうしたモノやサービスを取引する上での非効率性を解消できる可能性を秘めています。**

不必要な作業をなくす

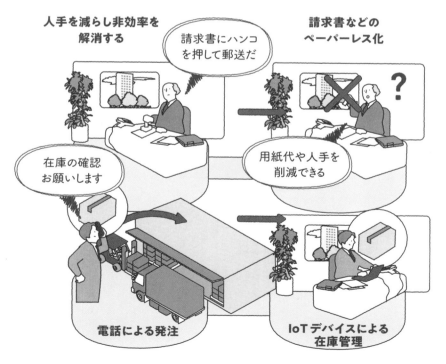

104

DXによって進化した、人や企業同士のニーズを結びつけるマッチングビジネスも、非効率の解消に役立ちます。後に紹介しますが、職人と工事会社を結びつける「助太刀」や、印刷機の空きを有効活用し、安価に印刷物を作成できる「ラクスル」などがその一例です。こうした、デジタルの力でニーズ同士を結びつけられるビジネスがもっと普及すれば、営業や広告といった工程を削減できるようになるかもしれません。また、モノやサービスの取引において中間業者を挟むことが当たり前になっていた業態も、DXによって直接取引ができるようになれば、取引における時間や中間マージンといったコストを削減できるでしょう。**DXは、企業や業界の中に潜む非効率を解消する役割にも期待されているのです。**

ダイレクトにつながる

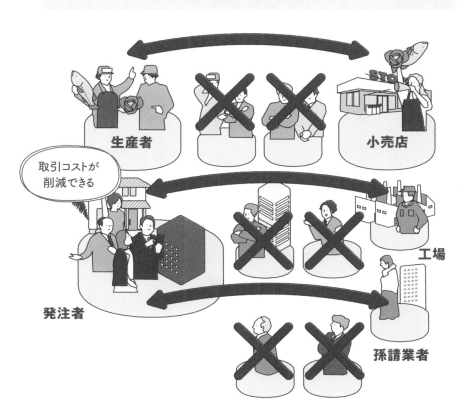

04 患者の悩みを集めて 医療の進化につなげるSNS

似たような悩みを抱える患者同士が交流の機会を得られ、その情報が医療にも役立てられる仕組みです。

それまでなかった「場」を創造したビジネスの例として、2004年に設立されたアメリカのスタートアップ PatientsLikeMe が挙げられます。設立したのは筋萎縮性側索硬化症(ALS)で弟を亡くしたベンとジェイムスのヘイウッド兄弟で、ALS や多発性硬化症（MS）といった**治療法がまだ確立されていない難病の患者を対象として、患者同士で悩みや体験などを共有できる SNS を提供**しています。

PatientsLikeMe の仕組み

SNS のデータを医薬品開発や新しい治療法に活かす。

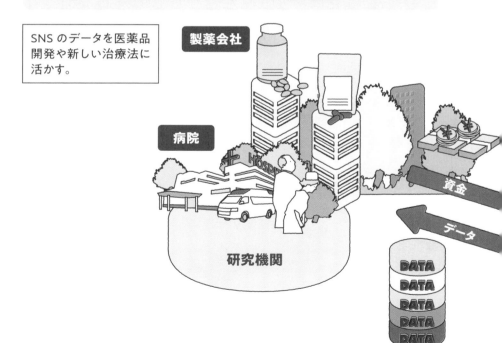

製薬会社

病院

資金

データ

研究機関

DATA
DATA
DATA
DATA
DATA

利用者である患者は、自らが抱えている病気の種類や年齢などを登録すると、似たような症状や悩みを持つほかの患者と交流することができます。悩みごとを共有し合う「**交流の場**」としての機能だけでなく、利用者は医療機関や最新の治療法に関する情報をキャッチすることもできるのです。**PatientsLikeMe は、利用者には無料でサービスを提供していますが、利用者のデータを匿名化し、製薬会社や研究機関に提供することで収益を上げています。** 患者同士が交流でき、そしてそれらのデータが研究に活用されるという、多くの人たちのニーズを満たしながら医療の進化を実現できる仕組みなのです。

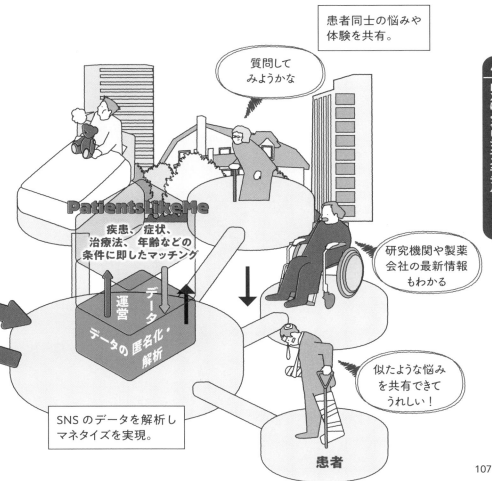

05 職人と工事会社を マッチングさせる「助太刀」

建設業界の受発注から支払いまでの間接業務をデジタル化し、業界全体の生産性を上げています。

株式会社助太刀は、発注側の工事会社と受注側の職人や工務店をマッチングし、長期的な取引先と結びつけるサービスアプリ「助太刀」を提供しています。助太刀は、**工事の受発注から代金の支払いまで、間接業務をデジタル化することで、建設業界の生産性向上に貢献し、2022年2月には15万人以上が登録するなど大きく拡大しました。**建設業界において工事会社と職人が出会うには、仲間内や知り合いからの紹介が主でしたが、助太刀はそれをデジタル化してオープンにしたのです。

建設業界が抱える課題

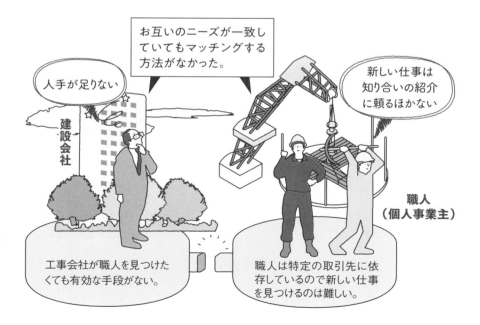

助太刀は、ただ単に工事会社と職人を結びつけるだけのマッチングプラットフォームではありません。たとえば「助太刀あんしん払い」は、発注者から受注者への工事代金の支払いを、助太刀が立て替えるサービスです。建設業界では、工事を請けてから支払いまでに数カ月もの期間が空くこともあります。こうした背景から生じる、職人や中小企業にとって大きな「資金繰り」の課題を解決するのがこのサービスです。助太刀は、業界特有の慣習や課題に着目し、デジタルの力を活かして全く新しい解決法を提案しているのです。

業界構造の変革へ

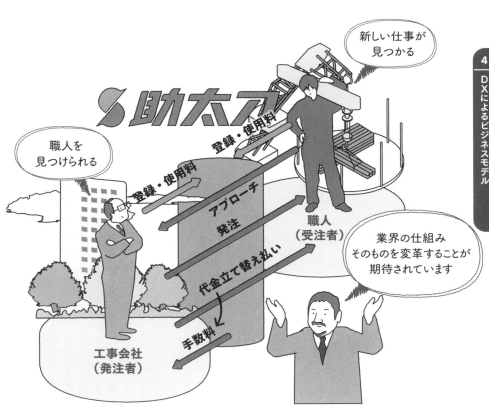

印刷機の空きと安価な印刷の需要を結んだ「ラクスル」

同じ課題を抱える複数の業界に対して、ラクスルは仕組みの横展開を行っています。

印刷物を小ロットで作りたい発注者と、印刷機の空きを埋めたい印刷会社をマッチングするサービスを提供しているのが「**ラクスル**」です。空いている資産を他者へ共有する**シェアリングビジネス**の代表的な事業者だといえるでしょう。これまでに多くの企業や個人は、質の高い印刷物を手軽に作成することがほとんどできませんでした。小ロットの発注を、本格的な印刷会社に行うのが難しかったからです。

共通のソリューションを横展開

ラクスルはこうした企業や個人の需要と、印刷会社が抱える印刷機の空きの問題に着目し、これらをインターネット上で結びつけることに成功しました。**印刷業界の新しい商慣習を、デジタルによって生み出した事例といえるでしょう。**ラクスルがデジタルの力で変えたのは印刷業界だけではありません。ラクスルでの成功を運送業界にも応用したのが「ハコベル」です。ハコベルでは、ドライバーの動きをスマホでキャッチし、空き時間をより効率的に運用できるような仕組みを作り出しました。

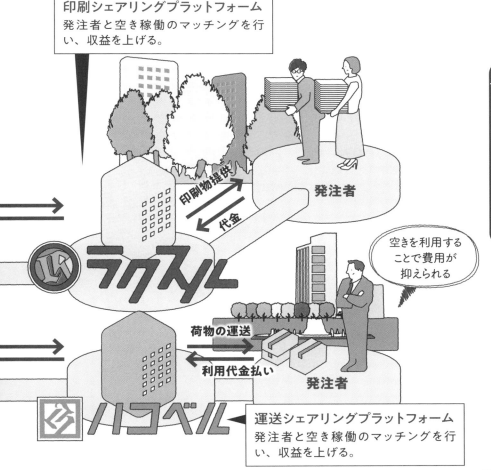

印刷シェアリングプラットフォーム
発注者と空き稼働のマッチングを行い、収益を上げる。

印刷物提供

代金

発注者

空きを利用することで費用が抑えられる

荷物の運送

利用代金払い

発注者

運送シェアリングプラットフォーム
発注者と空き稼働のマッチングを行い、収益を上げる。

07 在庫の減りを感知し自動で発注する「スマートマット」

在庫の減りを重さで検知する「スマートマット」で発注が自動化され、煩雑な確認作業を不要にします。

製造業からサービス業まで、あらゆる業種において多かれ少なかれ「在庫管理」の業務は発生するものです。この業務を自動化するためのソリューションが「**スマートマット**」です。ネットワークに接続されたタブレット型のマットに在庫を置いておくと、在庫の重さが一定以下になると自動で発注を行う**IoT デバイス**です。

スマートマットによる在庫管理

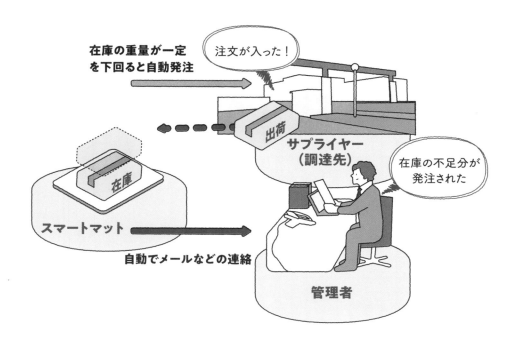

スマートマットを活用することによって、在庫のカウントや棚卸しなどの手間が省け、その時間をほかの業務に充てることができます。1グラムから計測ができるため、製造業でのネジなどの細かい部品の在庫管理もミスなく行うことができます。また、**在庫の数の変動を細かくデータ化できることによって、需要の変化を把握したり、在庫にまつわるトラブルを未然に防いだりすることも可能になる**でしょう。人力で行うことが当たり前だった業務にデジタルを取り入れることによって、新しい価値が生み出されるのです。

08 業界の構造改革を図る 生花のダイレクト流通

スマホで生花の生産者と花屋の直接取引をつなぐ CAVIN は販売までの時間を短縮し、廃棄ロス削減に貢献しています。

生花は、花屋の店頭に並ぶ前にいくつもの中間業者の手を渡ります。生花の一般的な流通経路は、生産者から卸売業者、その後に仲卸業者を経て花屋に渡るというものです。年間 1,500 億円にも上るといわれる生花の**廃棄ロス**（フラワーロス）は、このように生花が生産者から花屋の店頭に並ぶまでに時間がかかってしまうことにあるといわれているのです。

現状の生花の流通

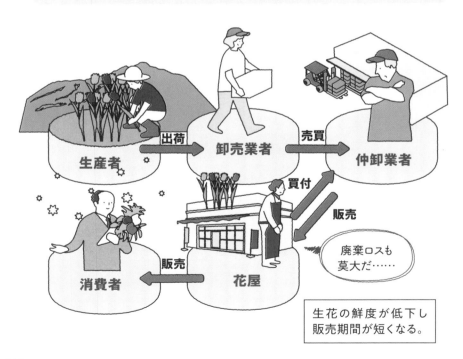

出荷　卸売業者　売買　仲卸業者

買付

販売

廃棄ロスも莫大だ……

販売　花屋

消費者

生花の鮮度が低下し販売期間が短くなる。

「花業界をアップデートする」をテーマに掲げる **CAVIN** は、生産者と花屋が直接取引できるプラットフォームを展開しています。生産者と花屋はスマホのアプリを通じて直接生花を取引することができるため、スピーディーな流通、すなわちフラワーロスの削減につながります。**また、花屋と直接取引できることによって生産者は、市場を通じて花の出荷を行うよりも個人のブランドを構築しやすくなる**という点もメリットだといえるでしょう。

CAVIN のダイレクト流通

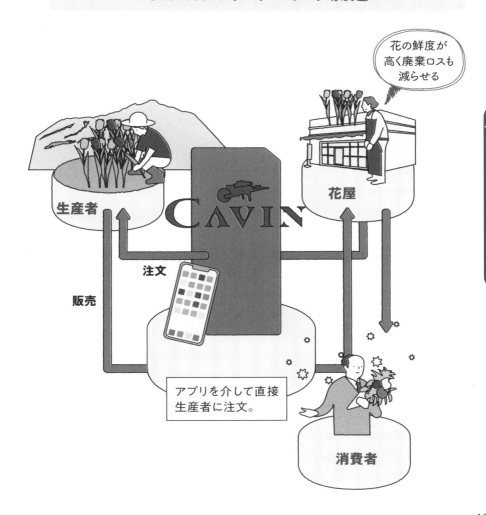

花の鮮度が高く廃棄ロスも減らせる

生産者

花屋

注文

販売

アプリを介して直接生産者に注文。

消費者

高級バッグの貸し借りを仲介する「ラクサス」

自社で買い付けをせずとも、レンタルできるバッグのラインナップが増えていく仕組みを確立しました。

バッグなどのファッションアイテムのレンタルサービスはたくさんありますが、貸し手と借り手双方に大きなメリットを用意していることで注目を集めているサービスが「**ラクサス**」です。高級バッグが借りられるスマホ向けの月額制サービスで、専用アプリは、2023年2月時点で日米合わせて190万ダウンロードを達成しています。

ラクサスのビジネスモデル

バッグを預けよう

バッグを提供

収入を得られる

消費者

バッグを預けるメリット
・貸し出し実績に応じた収入を得られる
・手入れをしてもらえる

バッグを預けるために購入しようかしら

会員登録をしたユーザーは、借りたいバッグを指定すると、ラクサスによってメンテナンスや鑑定が行われたバッグが届きます。シーンや気分に合わせて、高級バッグを気軽に使用できるのが魅力です。ラクサスで貸し出されるバッグの貸し手もまた、ラクサスのユーザーです。**貸し手は、自前のバッグを預けることで、貸し出された期間に応じた収入を得ることができます。**借り手と貸し手の双方にメリットを用意する仕組みによって、ラクサスは多くのユーザーとバッグの在庫を集めているのです。

メンテナンス	傷や汚れのない状態でバッグを提供する
保険・補償	汚れや破損を補償することで安心感を上げる
鑑定	専門の鑑定士が真贋を見分ける

毎月定額で高級バッグを借りられるわ

月額利用料

バッグを借りる

メンテナンス

保険・補償

鑑定

XLaxus

バッグの利用者

借りる側のメリット
・毎月定額で高級なバッグを使える
・手入れをする必要がない

10 服をスタイリングごと レンタルできるサービス

服だけでなくプロのスタイリングまでレンタルできる仕組みは、
運営側にもコスト以上のメリットがあります。

株式会社エアークローゼットは、70万人以上の会員を抱える月額制の洋服レンタルサービス「エアークローゼット」を展開しています。洋服のレンタルサービスにはいくつもの競合が存在するものの、同サービスは非常にユニークな仕組みによって注目を集めています。エアークローゼットが画期的なのは、**ユーザーが借りたい洋服を指定するのではなく、ユーザーに合った洋服をプロのスタイリストが選んでくれるという点です。**

エアークローゼットのビジネスモデル

従来のアパレルショップ

・接客が必要
・多様な在庫が必要
・売れ残りが出る

スタイリスト

消費者

ユーザーが最初に受ける「ファッションタイプ診断」で全身の写真や体型の悩み、ファッションの好みなどを入力し、その結果をもとに、スタイリストが洋服をセレクトしてユーザーに発送されます。送られてきた洋服を着用し、返却する際に感想や要望を伝えると、次はその情報をもとにした洋服が送られてくる仕組みになっており、**まさに「ユーザー専属のスタイリスト」を提供するサービス**といえるでしょう。ユーザーにもメリットがあるこの仕組みですが、サービス提供側にもメリットがあります。ユーザーが自由に洋服を指定することがないので、多様な在庫を持っておく必要がなくなるのです。

サービス提供側のメリット
・サブスクリプションで安定的に収入を得られる
・借りたい衣服の指定を受けないので在庫を抑制できる

利用者のメリット
・プロのコーディネートを受けられる
・服を選ぶ手間がかからない

11 「配送料が変動する」ニトリが仕掛ける新しい物流

国内最大級の家具の取り扱いで培った物流ノウハウを、他社にも展開しています。

インテリア小売のニトリホールディングスは、2010年に物流機能を**ホームロジスティクス**として分社化しました。**ニトリの物流の取扱量は日本最大級で、そのインフラやノウハウを他社へと外販しているのです。**また、ホームロジスティクスは、家具メーカーや家具の卸売業者など競合他社をターゲットにしているという点も注目すべきポイントです。

ニトリ発のホームロジスティクス

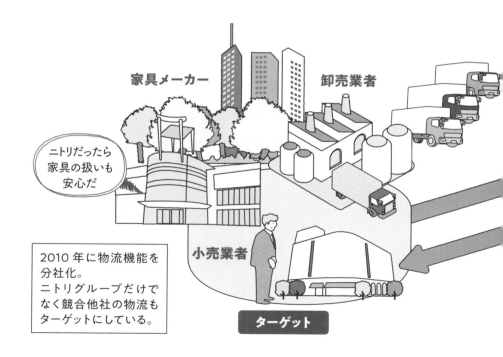

家具メーカー

卸売業者

ニトリだったら家具の扱いも安心だ

小売業者

2010年に物流機能を分社化。
ニトリグループだけでなく競合他社の物流もターゲットにしている。

ターゲット

運ぶものが家具であれば、ニトリが積み上げてきたこれまでのノウハウを他社へ展開することができ、さらに荷物の種類が少なく単純化できれば、テクノロジーを活用した効率化も期待できるでしょう。それを背景としてホームロジスティクスは、日本国内で初めてピッキングを自動化するロボット倉庫システム「オートストア」を導入しています。一般的な物流会社とは違って、業界の常識にとらわれていない点も、ホームロジスティクスの大きな強みだといえるでしょう。曜日によって配送料を変える**ダイナミックプライシング**の導入など、ニトリ流の物流スタイルが今後、業界に新しい常識を次々にもたらしていくかもしれません。

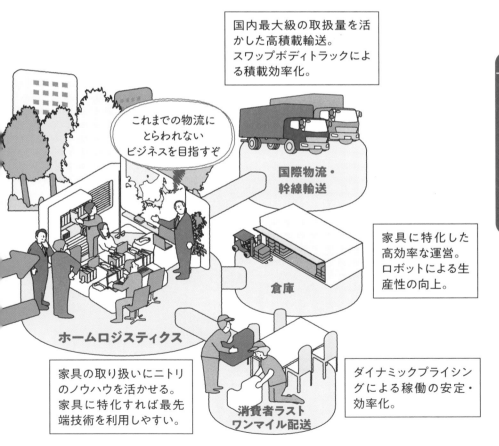

国内最大級の取扱量を活かした高積載輸送。スワップボディトラックによる積載効率化。

これまでの物流に
とらわれない
ビジネスを目指すぞ

国際物流・
幹線輸送

家具に特化した
高効率な運営。
ロボットによる生
産性の向上。

倉庫

ホームロジスティクス

家具の取り扱いにニトリ
のノウハウを活かせる。
家具に特化すれば最先
端技術を利用しやすい。

消費者ラスト
ワンマイル配送

ダイナミックプライシン
グによる稼働の安定・
効率化。

12 お金の流れを一括管理する デジタル家計簿

スマホで簡単に使えるデジタル家計簿「マネーフォワード」。家計のお金の流れを「見える化」して一括管理できます。

最近では、クレジットカードや○○ペイなどのキャッシュレス決済の比率が高まり、支出の管理が難しくなっています。家計簿をつけようと試みても、あらゆる決済手段で行った支出を全てつかむのは手間のかかる作業だといえるでしょう。2012年に創設されたスタートアップである、株式会社マネーフォワードが提供している家計簿アプリ「**マネーフォワード ME**」は、**スマートフォンがあれば家計におけるお金の流れを見える化できるサービスです。**

デジタル家計簿で収支を一括管理

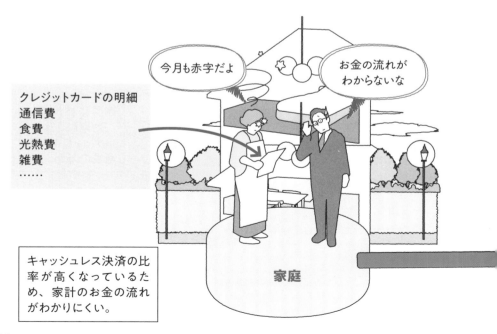

クレジットカードの明細
通信費
食費
光熱費
雑費
……

今月も赤字だよ

お金の流れがわからないな

家庭

キャッシュレス決済の比率が高くなっているため、家計のお金の流れがわかりにくい。

マネーフォワード ME では、複数の銀行口座やクレジットカード、電子マネーなどを一元的に管理できます。**マネーフォワード ME に加入し、利用している銀行口座やクレジットカード、キャッシュレス決済サービスなどを紐付ければ、入出金を食費や光熱費などのカテゴリーに自動で分類し、自分が何にいくら使ったのかを確認することができるのです。**買い物をしたレシートをカメラで撮影すれば、現金の支出の記録も同時に行うことができるので、キャッシュレス決済と現金支払いの両方を使っている人にとっても便利です。テクノロジーとの組み合わせで金融サービスを便利にする「フィンテック」の典型例といえるでしょう。

Microsoft VS Google？ 「会話型 AI」をめぐる争い

　アメリカの OpenAI が開発した、AI による文章の自動生成サービス「ChatGPT」は、発表直後から大きな話題を集めました。質問形式の文章をユーザーが入力すると、それに対して AI による回答が文章で返ってくるというものです。

　「既存の検索エンジンを駆逐するほど」のインパクトを持つという見方もあるこのサービスの登場に危機感を示しているのが、検索エンジンで世界トップのシェアを誇る Google です。

　調べ物をしたいユーザーが、これまでのように Google 検索ではなく会話型 AI による自動回答サービスを利用するようになってしまうと、

Googleは検索エンジンによる広告収益の多く
を失うことになるからです。

　一方で、OpenAIが持つこの技術を取り入
れた新しい検索サービスの提供を発表したのが
Microsoftです。Microsoftが持つ検索エン
ジン「Bing」とウェブブラウザ「Edge」に、
会話型AI機能を追加し、チャット形式の新しい
ウェブの使い方を提案したのです。

　なおGoogleも元来AI開発に力を入れてい
る企業として知られています。2023年2月には、
会話型AIの「Bard」をテスト公開し、今後も
AIへの投資を継続していく姿勢を見せています。

　このような、既存の検索サービスに対する挑
戦者Microsoftと王者Googleの競争に代表
される、会話型AIをめぐる新しいビジネスモデ
ルから目が離せません。

巨大企業の最新
ビジネスモデル大解剖

世界を代表するIT企業群を指すGAFAMなど、このまま永遠に支配的な地位に居続けるように見える巨大企業であっても、時代の変化を繊細にキャッチしながら、常に改革を重ねています。そんな彼らが見据える新しい戦略をチェックしてみましょう。

01 変化しない巨大企業が陥る「イノベーションのジレンマ」

大きなシェアを握っている企業ほど陥りやすい、時代の流れに取り残されてしまう現象があります。

ビジネスの世界では、**新興企業の主導するイノベーションによって大きな企業が淘汰された事例**がいくつかあります。その理由を説明するのがハーバード・ビジネス・スクールのクリステンセン教授が提唱した「**イノベーションのジレンマ**」です。たとえば製品の改良を行うとき、大企業では顧客のニーズに合わせるのが通例です。結果、機能が向上して利益率の高い商品が生まれれば収益も望めて申し分ありません。ところが、これを繰り返すうちに製品の機能や品質が顧客のニーズを上回っていくのです。

明暗が分かれた富士フイルムとコダック

そんなとき同業他社から、性能面では劣るものの安価であったり、自社製品とは異なる特徴を持った新製品が生み出されたとしたらどうなるでしょうか？　はじめのうちは、性能や特徴の違いから競合とは見なさずにいられるかもしれません。しかも**高いシェアを誇る企業が変革に打って出るということは、従来製品の顧客を手放すことにもつながりかねません**。しかし、そうしているうちに新製品は技術的な進化を続け、気付いたときには自社のシェアを奪っていることは大いにあるのです。このように自己変革をためらっているうちに、しだいに新興企業が提案した新しい価値が消費者の間に浸透し、あるタイミングをもって旧来の価値観に取って代わってしまうという現象をイノベーションのジレンマといいます。うまくいっているビジネスを変革するのは難しい選択ですが、時代に取り残されないためには、既存のビジネスを常に疑ってかかることも重要なのです。

２種類のイノベーション

持続的イノベーション

売上が順調なんだから現行品の改善・改良を続けていこう

ハーバード・ビジネス・スクールのクリステンセン教授は、イノベーションには「破壊的イノベーション」と「持続的イノベーション」があると指摘しました。

従来製品の改善・改良を続ける持続的イノベーションは、自己変革が苦手な日本の大企業によく見られます。

破壊的イノベーション

これからの時代は地球に優しいEVが主流だよね

その先は、事故を減らし交通量を抑制できる自動運転がトレンドになるよ

従来の価値を破壊し、まったく新しい価値を世に問うのが破壊的イノベーションです。

02 成功したECのシステムを外販するアマゾン

アマゾンは、コアビジネスであるEC事業で構築したシステムを外販することで、クラウドサービスを成功させました。

アマゾンのクラウドサービス「**AWS**（Amazon Web Services）」は全社売上の10%強に過ぎませんが、利益でみると全体の70%超を占めています。EC事業者のトップランナーであるアマゾンは、なぜクラウドサービスの分野においても世界トップに躍り出ることができたのでしょうか？ **EC事業のために構築したサーバーシステムを活用し、これを外販することによって伸ばしていったのが、AWSというサービスだからです。クラウドサービスだけを提供するためにシステムを構築している事業者とは違い、その始まりがEC事業の拡大のためだったということです。**

AWS（Amazon Web Services）とは

売上に占める割合　利益に占める割合

EC事業で蓄えた知見と、同じくその基盤となるサーバーシステムを活用することで、AWSは優れたコスト競争力と豊富なサービスの提供を実現しています。

全社売上の10%程度に過ぎないAWSだけど

利益で見ると70%以上を占めるんだよね

AWSによるクラウドサービスの成功体験を、アマゾンは物流サービスにも活かそうとしています。EC市場は今後も拡大の一途をたどるでしょう。そんななか、物流業界の慢性的な人手不足を解消し、従業員の業務負担を軽減するためにも、サービスのDX化は避けられないのが現状です。世界中に物流ネットワークを張り巡らすアマゾンが、そこに目をつけないわけはありません。**物流をサービスとして提供する「LaaS（Logistics as a Service）」を第2のAWSにしようと考えるのは自然なことでしょう。**DX化によりコアビジネスを進化させ、その過程で構築された事業基盤を外販するというビジネスモデルです。アマゾンがAWSで創出し、LaaSでも再現しようとしているこの流れは、これからさらに加速していくことが予想されます。

物流システムもサービスとして外販

アマゾンはAWSの成功体験と同じように、積み上げてきた物流ネットワークを外販する事業を推進しています。

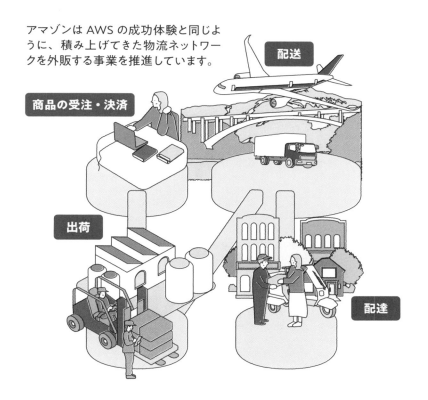

配送

商品の受注・決済

出荷

配達

03 ワシントン・ポストをDXで黒字化させたベゾス

窮地に陥っていたワシントン・ポストを買収したジェフ・ベゾスは、DX施策によって見事に同紙を黒字化させました。

アマゾンの創始者で長く同社のCEOを務めたジェフ・ベゾスは、2013年にワシントン・ポスト（WP）を買収しました。1877年に創刊されたWPは、アメリカの首都ワシントンD.C.の伝統ある日刊紙です。ところがベゾスが買収した2013年の時点で、売上が前年比12％も減少するなど経営は危機的状況にありました。それをベゾスが改革に着手すると、わずか4年で黒字化したのです。**DX化に大成功したWPは、ローカル紙ながらウェブサイトのビジター数で全国紙のニューヨーク・タイムズを超えるまでになりました。**

デジタルカンパニーとして再生した

売上不振の続くワシントン・ポスト（WP）を買収したジェフ・ベゾスは、編集方針はそのままに、同紙をDXによってナショナル紙にするビジョンを示します。

やはりワシントン・ポストは売れ行きが悪いな

USAトゥデイを

うん。ただし、売り方についてはビジョンを持っている

編集方針は今まで通りでいいんですか？

Jeffrey Preston Bezos

ベゾスは、ローカル紙である WP を全国紙にするというビジョンを示しました。そして 50 億円を投資してデジタル関連のエンジニアを 3 倍に増やし、運営プロセスを自動化すると、SNS を通じた新しいニュースの読み方などをリサーチ。そこからさまざまなデータを収集して経営改善を図ったのです。そうして **WP の経営を立て直したベゾスは、その過程で確立したデジタル化の支援ツールを商品化し、同様のニーズを抱えるローカル紙などにライセンス販売**します。新聞記事を売るのではなく、DX 化の**ノウハウを外販**する。これは、前項で紹介した AWS や LaaS と同様の動きです。こうしてアナログメディアの代表だった WP は、DX によって生まれ変わったのです。

DXを
推進します

うちも貴紙に
倣いたいもの
です

どうぞうちの
ノウハウを
お使いください

黒字化
おめでとう
ございます

まだまだ。
これからだよ

Amazon の顧客中心主義をベースに WP 紙の黒字化を果たしたベゾスは、AWS や LaaS と同様、その過程で構築したノウハウを外販します。

04 徹底的なDXでワクチン開発を高速化したモデルナ

新型コロナウイルスワクチンのスピード開発で注目されたモデルナ。その背景には、徹底的なDXがありました。

新型コロナウイルスワクチンの開発により、一躍、医療業界の寵児に踊り出たのが、アメリカの新興バイオベンチャー・モデルナです。**もともとモデルナは、特定の病気をターゲットにしていたわけではなく、mRNA（メッセンジャーRNA）を使って複数の病気を治療する薬物療法の研究・開発を行っていました。**mRNAとは「ウイルスを構成するタンパク質の設計図」のようなものです。従来、ワクチンには病原体の毒性を弱めたもの、あるいは病原体の感染力を失わせたものを用いてきましたが、mRNAは、ウイルスそのものではなくその設計図を投与するのがポイントです。

主なワクチンの種類

病原体そのものや、病原体を構成する物質をもとに作ったものなど、さまざまな種類のワクチンがあります。それらを接種することで、病原体に対する免疫が作られます。

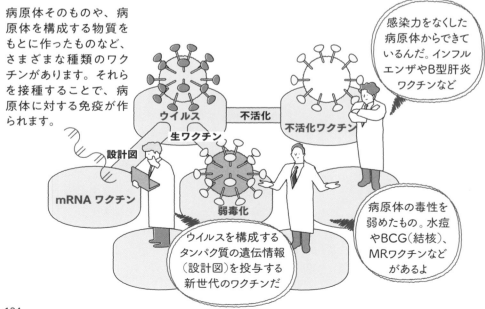

設立から10年の新興企業が、どうして既存の製薬会社を差しおいて開発に成功することができたのでしょうか？　それはモデルナが設立当初から取り組んできた、mRNA開発のためのプラットフォームがあったからです。mRNA開発の知見を用い、ここぞというタイミングで成果を上げることができたのです。**かねてよりモデルナは、DXを土台にしたR&D（研究開発）プロセスや製造流通システムの自動化サイクルの構築に注力してきました。**結果、既存の大手製薬会社にはなかった発想と、DXやAIを背景としたテクノロジーが、同社をして医療業界の破壊的なイノベーターの座へと導いたのです。

モデルナの自動化サイクル

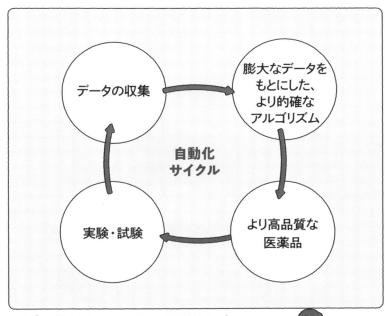

データの収集

膨大なデータをもとにした、より的確なアルゴリズム

自動化サイクル

実験・試験

より高品質な医薬品

※『モデルナはなぜ3日でワクチンをつくれたのか』（田中道昭 著）をもとに作成。

既存の製薬会社と違って、モデルナはそもそもがデジタル製薬企業なのです

DXをベースにしたプロセスによって、モデルナは研究開発や製造・流通の大幅な効率化を実現しました。

05 ディズニーが映像配信で狙う「クロス・プロモーション」

ディズニーは、同社が持つ魅力的なコンテンツの配信によって「クロス・プロモーション」を狙っていると見られます。

今や世界的なエンターテインメント企業として知らぬもののいない存在となったディズニー。巨大なメディア・コングロマリット（多様なメディアを傘下に有する複合企業）でもある同社には、**映画やアニメの製作、テーマパークやリゾートの運営、映像コンテンツの配給と国外展開、テレビや映像配信サービスの作品製作など、分野ごとに分かれたさまざまな部門があります。**2019年にスタートした **Disney+** は、このうち映像配信を担うディズニー・メディア＆エンターテイメント・ディストリビューションが運営する新しいサービスです。

映像配信事業を強化

ライバルに勝つにはどうしたらいいだろう

まずはラインナップを充実させないとね

ディズニー

ピクサー

マーベル

フォックス

ルーカスフィルム

かねてより買収に積極的なディズニーは、魅力的なコンテンツを持つ製作会社・スタジオを買収してコンテンツを充実させました。

今後うちのコンテンツは他社では配信しません

ディズニー作品が視聴できるのはDisney+だけ！

Netflixなど他サービスに提供していたコンテンツを引き揚げ、Disney+だけの独占配信としました。

Disney+ の特徴は、Netflix や Amazon Prime Video、あるいは同じディズニー傘下の Hulu などとは異なり、ディズニー所有・製作のコンテンツに特化したプライベートな配信サービスであることです。ライバルとの激しい競争を勝ち抜くため、ディズニーは自社コンテンツだけでなく、Marvel 作品や「スターウォーズ」シリーズを独占配信。さらに Netflix など競合他社へのコンテンツ提供を打ちきり、オリジナル性を高めました。多くの人気キャラクターやコンテンツを有し、グッズ販売やテーマパーク事業を行うディズニーにとって、強力な映像配信サービスは**クロス・プロモーション**戦略の根幹になり得ます。**Disney+ で顧客とダイレクトにつながることで得られたデータを他業種にフィードバックできるのは、複合企業ならではのアドバンテージだといえるでしょう。**

ディズニーが狙うクロス・プロモーション

映像配信サービス

テーマパーク・リゾート事業

映像製作事業

テレビ製作事業

複数メディアを組み合わせて相互にプロモーションし合うことをクロス・プロモーションといいます。多様なコンテンツを有する複合企業のディズニーが、多額の資金を投じて Disney+ を立ち上げた意味もここにあると見られます

06 ネットフリックスが 乗り出した広告モデル

ネットフリックスも導入を決めた広告モデルには、顧客とサービス提供者の双方にメリットがあります。

ストリーミング戦争といわれるほど熾烈を極める、映像配信サービスの主導権争い。その中でも特に大きな存在感を発揮してきたのが Netflix です。オリジナル作品がアカデミー賞やゴールデン・グローブ賞を受賞し、劇場公開の予定がない作品の映画賞受賞の可否について議論が交わされたことでも話題を呼びました。そんな飛ぶ鳥を落とす勢いの Netflix の経営に影が差します。**自前の配信サービスを持つディズニーなどが、Netfilx から相次いで作品を引き揚げ、自社サービスにおける独占配信に舵を切ったことなどをはじめ、競合が増えたからです。**

岐路に立たされる Netfilx

なんで劇場で公開されないのに映画賞の対象になるの？

映画関係者

ユーザー代表

割高感があるから他のサービスに移ろうかな

自前の配信サービスがあるから今後は作品を提供しないよ

NETFLIX

コンテンツ提供企業

順風満帆に思えた Netfilx ですが、ここにきて数々の逆境にさらされ、会員数も過去 10 年で初めて減少に転じました。

シェアを伸ばすライバルを前に守勢に立たされた Netfilx は、当初否定的だった**広告付き低価格プラン**を導入します。日本でも、2022 年 11 月 4 日から新プラン「広告付きベーシック」がスタートしました。広告付きベーシックは、従来のベーシックプランよりも 200 円安い設定で、広告はテレビ CM 同様、視聴開始時と視聴中に挿入されます。**広告モデルを取り入れる企業側のメリットとしては、広告主から収益を得られるようになることに加え、顧客データ等を活用した広告ビジネスが可能になったりする**ことが挙げられます。

広告ビジネスがもたらすメリット

おっ。
これいいね、
買ってみよう

企業側のメリット
・広告主からの収益
が得られる
・顧客データを広告
に活用できる

顧客側のメリット
・広告を受け入れる分、安価に
サービスを利用できる
・ターゲティングによって、自分
に合った広告に触れられる

07 メタバースで強固な プラットフォームを狙うメタ

SNS が事業の中心だったフェイスブックは 2021 年に社名を変更し、メタバースへ注力する方針を示しました。

世界最大の SNS として知られるフェイスブック。その運営会社の社名が 2021 年、「メタ・プラットフォームズ（通称メタ）」に変わりました。**IT 産業をリードするビッグテック・GAFAM の一つである同社ですが、今後はメタバースへ注力していく考えを示しています。** メタバースは、インターネット上に構築された仮想空間と、そこで提供されるサービスを指す用語です。創業以来変わらない、世界中で高い知名度のある社名を変更してまで、メタが方針転換を決意したのにはどのような理由があるのでしょうか？

メタバースという新しいフィールド

フェイスブックがメタバースへと舵を切ったことにより、メタバース旋風が加速しました。

創業以来の社名を変えてまでメタバースに意欲を見せるメタ。そこには、新たな**プラットフォーム**を構築したいという計画があるのではないかと見られています。GAFAM と並び称されてはいますが、それぞれ強固な独自の事業を抱える他の4社とは異なり、メタにはそれがないという見方があるのです。スマホではアップルやグーグルの OS やアプリ上で動く SNS や広告収益が柱で、言い換えるなら他社のプラットフォームの上に存在しているのが実状です。そこで、メタバースという新しいフィールドを制するプラットフォーマーを目指していくというわけです。どこかあいまいなニュアンスの強かったメタバースですが、メタが本腰を入れ始めたことで、業界はにわかに色めき立ちました。

プラットフォーム構築に向けた挑戦

Android OSを握っていますよ

我々には世界中のiPhoneユーザーがついている！

物流とクラウドサービスの覇者とは我々のこと

ビジネスの現場から圧倒的な支持を受けています

Google

amazon

Microsoft

グーグル

マイクロソフト

∞Meta アップル アマゾン

facebook

うちも新しいプラットフォームを手に入れないと！

フェイスブック⇒メタ

システムやサービスの基盤となる環境のことをプラットフォームといいます。個人や企業といったプレイヤーが参加する際の基幹部分であり、これを押さえる（提供する）ことは大きな利益につながります

08 日本での広告事業を 推し進めるマイクロソフト

日本市場のある特性に目を向けたマイクロソフトが、「Microsoft 広告」を日本で推し進めようとしています。

Microsoft 広告は、マイクロソフトが提供するサービスに広告を出稿できるアドネットワーク（広告配信ネットワーク）です。具体的には **Bing（検索エンジン）の検索広告と、マイクロソフトが運営する MSN（ポータルサイト）、Outlook（メールサービス）、Edge（ブラウザ）にオーディエンスネットワーク広告を提供しています。**日本市場での提供開始は2022年5月31日。アドネットワークとしては後発ですが、すでに欧米を中心にサービスを展開していて、2021年度の広告収入は100億ドル規模にまで成長しています。

"ワークデイコンシューマー"とは？

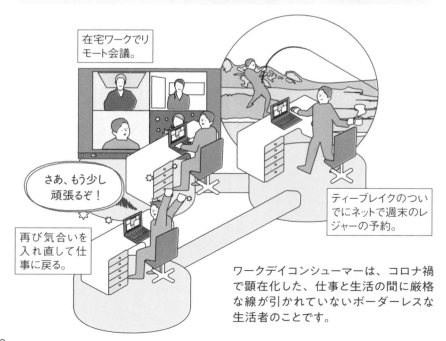

在宅ワークでリモート会議。

さあ、もう少し頑張るぞ！

再び気合いを入れ直して仕事に戻る。

ティーブレイクのついでにネットで週末のレジャーの予約。

ワークデイコンシューマーは、コロナ禍で顕在化した、仕事と生活の間に厳格な線が引かれていないボーダーレスな生活者のことです。

Microsoft 広告がこのタイミングで日本の広告市場に注力し始めた背景には、**ワークデイコンシューマー**と呼ばれる新しい消費者像の登場があります。**仕事とプライベートをはっきりとは区切らず、仕事中にも PC でプライベートな用事を済ますなど、オンオフの切り替えを柔軟に行う消費者**のことです。日本におけるある調査では、回答者の 50％超が勤務時間中に何らかの商品やサービスを定期的に検索しているという結果が出ました。また、その際に検索に用いるのは PC が中心。つまり業務用のデスクトップ OS のトップシェアを誇るマイクロソフトの独壇場ということになります。ウィンドウズの普及率の高さと、ワークデイコンシューマーの登場ゆえに、日本は Microsoft 広告にとって大きな可能性を秘めた市場だといえるのです。

日本における Microsoft 広告の強み

圧倒的シェアを誇るウィンドウズユーザーに届けられるのが最大の利点です。

購買力の旺盛な40代以上がユーザーの過半数。さらに45歳以上の数はGoogle検索を上回ります。

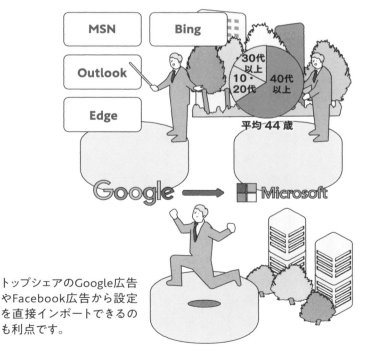

トップシェアのGoogle広告やFacebook広告から設定を直接インポートできるのも利点です。

09 アップルが見据える「フィンテック」と「ヘルスケア」

テクノロジー企業として知られるアップルですが、金融や健康分野でも存在感を見せ始めています。

アップルが本格的にフィンテックの分野に乗り出しました。**フィンテック**は金融（Finance）と技術（Technology）を組み合わせた造語で、銀行や証券、保険といった金融の分野とIT技術を結びつけたさまざまな革新的なサービスのことを指します。スマートフォンを使ったキャッシュレス決済などもその一つです。アップルによるフィンテックといえば、注目すべきは**アメリカでサービスが始まった「Tap to Pay」です。客側ではなく店側が、iPhoneを読み取り装置不要の非接触型決済端末として利用できるというものです。**これにより従来のような専用の決済端末がなくても、iPhoneだけでキャッシュレス決済のシステムを整えることができます。

iPhone同士で店頭決済が可能に

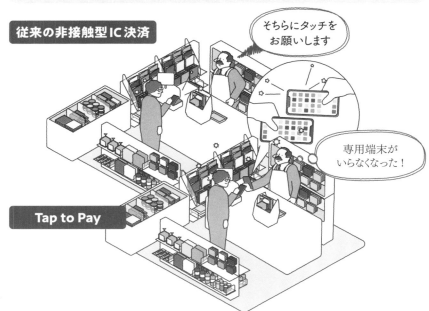

従来の非接触型IC決済

そちらにタッチをお願いします

Tap to Pay

専用端末がいらなくなった！

アップルは健康の分野にも力を入れています。iPhoneでおなじみ「**ヘルスケア**」アプリは、健康管理ツールとしてより身近に、より実用性を高める方向へと進化を続けています。目指すところは、**健康関連の個人データを集め、蓄積したデータを医療機関と共有し、大量のデータから有用な情報を引き出せるようにすることでしょう。** その第一歩として、2022年に配信が始まったiPhone向けのiOS16とApple Watch向けのwatchOS9には、新たに服薬管理と睡眠ステージの追跡機能が加わりました。とはいえデジタルヘルスケアの分野ではアップルは後発組。ウェアラブルデバイスの先駆者Fitbitを買収し、初の独自開発スマートウォッチ「Pixel Watch」を発売したグーグルらの先行を許しています。そうしたなか、アップルには従来の概念を超える、革新的なヘルスケアサービスの開発が期待されています。

「ヘルスケア」アプリで健康管理

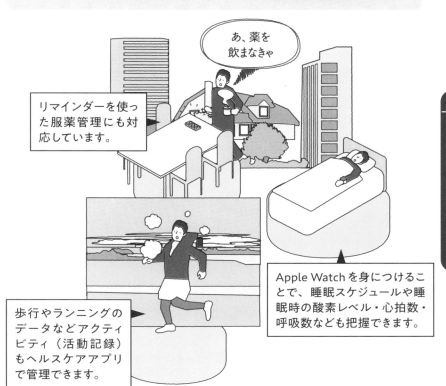

あ、薬を
飲まなきゃ

リマインダーを使った服薬管理にも対応しています。

Apple Watchを身につけることで、睡眠スケジュールや睡眠時の酸素レベル・心拍数・呼吸数なども把握できます。

歩行やランニングのデータなどアクティビティ（活動記録）もヘルスケアアプリで管理できます。

10 Suicaの膨大なデータを提供するJR東日本

交通系ICカードのSuicaに蓄積されたビッグデータを外販し、収益化しようとする動きが出ています。

JR東日本が2022年5月からスタートさせたサービスが「**駅カルテ**」です。**Suicaを利用した際に記録されるデータを匿名化し、統計的に処理した結果を定型レポートとして提供することで、首都圏エリアを中心とした約600駅における利用実態を把握できるのが特徴です。**また、JRグループ間で活用するだけでなく、まちづくりや地域活性化を旗印に、自治体や企業への販売を行っているのもポイントといえるでしょう。Suicaに蓄積された**ビッグデータ**を外販することにより、鉄道事業に依存した従来の収益構造から脱却できると見られています。

Suicaに蓄積されるビッグデータ

本来は乗車カードのSuicaですが、現在はさまざまなシチュエーションで使える電子マネーとして普及しています。

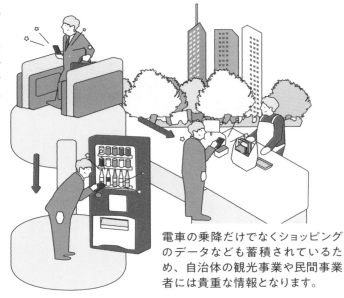

電車の乗降だけでなくショッピングのデータなども蓄積されているため、自治体の観光事業や民間事業者には貴重な情報となります。

Suicaは乗車カードとして使用されるため、そのデータを分析すれば、ある駅で降りた人がどの駅から電車に乗ってきたのかがわかります。さらにはそれらを時間帯別、性別、年代別に集計することもできます。以上の基本的な乗車データに加え、カードには店舗での商品の購入やバスでの移動などのデータも蓄積されています。当面は乗降データのみの利用としていますが、これらのビッグデータの活用方法は数多くあるでしょう。さらに**そうしたデータを外販することは、JR東日本にとって収益機会になると同時に、他企業との間で、ビジネスを通じた新しい連携・戦略を生み出すきっかけになるかもしれません。**

データ活用を批判された過去

2013年にもJR東日本はSuicaのデータ活用を発表しています。ところが、利用者やメディアの厳しい非難の前に計画は撤回せざるを得ませんでした。

JR東日本としてはプライバシーに最大限配慮していたのですが、アナウンスが十分でなかったために猛反発を受けました。そこで今回、じっくり時間をかけて地ならしをしながら計画を進めたのです。

11 路面の状態を読み取る ブリヂストンのタイヤ

ブリヂストンのタイヤに搭載される CAIS は、路面のデータを収集し、安全運転や道路管理に役立てられます。

世界最大のタイヤメーカーであるブリヂストンも DX に取り組んでいます。タイヤから得られるデータを利用して、運転の安全性や道路管理のコストパフォーマンスを向上させようというのです。自動車部品の中で路面とダイレクトに接しているのはタイヤだけ。その内側に装着した加速度センサーによって、**路面が「乾燥」、「半湿」、「湿潤」、「シャーベット」、「積雪」、「圧雪」、「凍結」のいずれの状態にあるのかを判定する**というものです。

運転の安全性を高める CAIS

ブリヂストンが実用化した CAIS により、タイヤを通じて路面状態を感知。そのデータを、運転の安全性や路面管理のために活用していくことが期待されています。

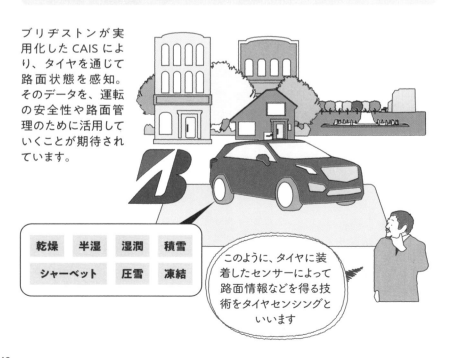

| 乾燥 | 半湿 | 湿潤 | 積雪 |
| シャーベット | | 圧雪 | 凍結 |

このように、タイヤに装着したセンサーによって路面情報などを得る技術をタイヤセンシングといいます

タイヤにセンサーを装着して路面情報などを得る技術を**タイヤセンシング**といいます。ブリヂストンでは、この分野における独自の技術を **CAIS**（Contact Area Information Sensing）と称しています。CAIS が実現するのは、何をおいても運転の安全性です。路面が凍結していればそれを車内ディスプレイに表示し、ドライバーに注意を促すというのもその一例でしょう。すでに現在、**積雪地帯を抱える NEXCO 東日本では CAIS を活用した路面状態のリサーチを行っています。そして実際に得られたデータから凍結防止剤をする試みを行っています。**

道路管理への応用

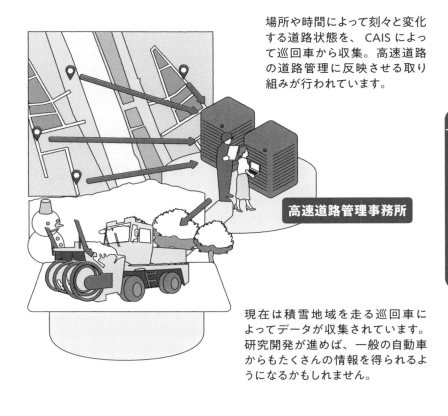

場所や時間によって刻々と変化する道路状態を、 CAIS によって巡回車から収集。高速道路の道路管理に反映させる取り組みが行われています。

高速道路管理事務所

現在は積雪地域を走る巡回車によってデータが収集されています。研究開発が進めば、一般の自動車からもたくさんの情報を得られるようになるかもしれません。

12 「ネット時代のマスメディア」を目指す ABEMA

2022 年にサッカーW杯の全試合無料中継を実現した ABEMA が目指すのは、「ネット時代の新しいテレビ」です。

サイバーエージェントが提供するインターネットテレビ局の「ABEMA」は、2016 年 4 月にサービスを開始しました。**「ネットの中の新しいマスメディア」を標榜し、独自性の高いコンテンツを高品質なアプリに乗せて配信しています。**ABEMA がテレビに代わるメディアとしてその存在感や可能性を見せつけたのが、2022 年に開催された「FIFA ワールドカップ・カタール 2022」です。全試合無料中継は、当初こそ回線負荷の問題など懸念されていたものの、蓋を開けてみれば多くのユーザーから好評を得て、ABEMA の挑戦は見事に成功しました。

ABEMA はフリーミアムモデル

ABEMA は基本機能が無料で、高機能プランの「ABEMA プレミアム」を用意したフリーミアムモデルです。

無料プランで十分に楽しめますよ

ダウンロードや追っかけ再生もできるプレミアムがお得です

無料プラン　**ABEMA プレミアム**

広告が表示されるものの、基本は無料で視聴できる ABEMA。多種多様なジャンルの番組を楽しむことができます。

有料の ABEMA プレミアムに加入すると、視聴できるコンテンツが増え、ダウンロードや同時視聴、追っかけ再生など使える機能が増えます。

ABEMAは基本無料に加え、「ABEMAプレミアム」という高機能プランを用意した**フリーミアムモデル**です。ネット上で展開されるサービスの多くは、それぞれのユーザーに合わせたコンテンツを提供し、広告もターゲティングで行うというのが主流です。しかしサイバーエージェントの藤田晋社長は、狙ったユーザーに届けるターゲティング広告の積み重ねよりも、テレビのような**マス広告**の方が収益性を見込めるとの考えもあって「ネット上の新しいマスメディア」を目指しています。アプリのダウンロード数も右肩上がりに伸び続けており、多彩なコンテンツを武器に、新しいテレビの形を追求し続けているのです。

目先の利益より品質を優先

5
巨大企業の最新ビジネスモデル

大企業が革新的事業を生み出しにくい背景

　イノベーションは、大企業ではなく新興企業から起こる場合が多いといわれています。その背景には大企業ならではのジレンマがあるのです。

　まず考えられるのは、大企業における本業と新規事業の規模に大きな差があることです。大企業の場合、社内の評価基準は従来の本業を評価する際の基準で計る仕組みになっていることもあり、それだと規模の小さい新規事業は「成長していない」と判断されることが多くあります。その結果、適切な精査が行われないまま早々に市場から撤退することになってしまうのです。

社内の抵抗勢力や、株主・既存顧客の意向を考慮する必要があることも理由の一つでしょう。歴史やブランド力のある大企業だからこそ、社内にも社外にも保守的な人が多い傾向があります。反対に、新興企業に関わる人には新たな事業を肯定的に捉える人が多いため、革新的であればあるほど、周囲からの後押しを得ることができます。

　また大企業では、商品が市場に出回るまでの期間が長引いてしまうという問題もあります。開発の段階からさまざまな人に根回しをしながら進めていく必要があるなど、１つのプロセスに莫大な時間を費やしてしまうのです。その点、新興企業では少人数でスピーディーな意思決定を行うことができるため、企画から発表までにかかる時間を大幅に短縮することができます。このように企業文化の違いだけをとっても、大企業から革新的事業を生み出しにくい理由が説明できるのです。

Chapter

6

BUSINESS MODEL
mirudake notes

新しいビジネスモデル
を創造しよう

ゼロから新しいビジネスモデルを作り出すのは、難しいことであるのは
間違いありません。しかし、新しいビジネスモデルを生み出すにあたっ
ての道標はいくつも用意されているのです。有名なビジネスモデルにも
活用されている、発想法やマインドセットなどを学んでいきましょう。

01 ビジネスモデル創造のための7つのステップ①

7つのステップに沿って、新しいビジネスモデルを創造してみましょう。

「新しいビジネスモデルを創造するといわれても、何をどうすればいいのかまったくわからない」と思う人も多いことでしょう。ですが、**まったくのゼロから生み出されたビジネスモデルというものは実は少なく、ほとんどのビジネスモデルはすでに存在しているビジネスモデルを組み合わせたもの**なのです。ここで紹介する7つのステップを踏めば、新しいビジネスモデルを生み出せることでしょう。なお、このページではステップ1〜3を取り上げます。続くステップ4〜7については、P158〜159で解説します。

基本となる5つの要素を決める

ステップ①　現状把握

まず、手がけるビジネスに関する5項目を設定します。ビジネスの現状を把握することで、5項目の内容も見えてきます。

我が社のビジネスの現状はどうなっているのかな？

誰に売るか

何を売るか

何を使うか

他とどう差別化するか

どう収益化するか

ステップ1で行うのは、「**現状把握**」です。「**誰に売るか**」「**何を売るか**」「**何を使うか**」「**他とどう差別化するか**」「**どう収益化するか**」という**5項目**で新たなビジネスを設定します。ステップ2では「顧客をシフト」し、ステップ3では「**顧客価値をシフト**」します。ここでいう顧客価値とは、顧客に提供する価値のことです。つまり、ステップ2では、どういった客層に商品を売るのかを検討するのです。個人向けのビジネスなのか、法人向けのビジネスなのかなどはここで決まります。ステップ3では顧客に提供する価値について検討します。モノを売るのか、サービスを売るのかを決めましょう。ステップ2と3での検討によって、対象としていた顧客を変えたり、販売する商品をモノからサービスへと変えたりして成功した例もあります。

顧客と顧客価値を検討する

ステップ②　顧客をシフトする

商品を売る客層について考えます。個人向けのビジネスにするのか、法人向けのビジネスにするのかも決めましょう。

個人に
売るべきか？

？

法人に
売るべきか？

ステップ③　顧客価値をシフトする

顧客に提供する価値（顧客価値）について考えます。モノを売るのか、サービスを売るのかなどを検討するのです。

モノを売る？

サービスを
売る？

6

ビジネスモデルの創造

157

02 ビジネスモデル創造のための7つのステップ②

前項に続くステップ4〜7を紹介します。ビジネスモデルに実現性があるかどうかなど、考えを深めていきましょう。

前項で紹介したステップ1〜3に続くステップ4では、「価格と顧客の経済性にシフト」します。商品の対象とする顧客の特性や購入実績などをもとにして価格を検討するのです。ステップ5では「**バリューチェーンをシフト**」します。**バリューチェーンとは直訳すると価値連鎖という意味になります。製造、販売、開発、労務管理などの企業の事業活動を価値創造のための一連の流れとして捉える考え方**です。このステップ5では、そのバリューチェーンの一連の業務の過程を変更したり、効率化などを行います。

価格と業務工程について考える

ステップ④ 価格と顧客の経済性にシフト

商品の価格を検討します。想定している顧客の特性などを踏まえて設定しましょう。

いくらで売ろうかな？

物流も自社でやってみようかな

ステップ⑤ バリューチェーンをシフト

バリューチェーンは価値を生み出す事業活動の一連の流れです。この工程をより効率的なものにします。

ステップ6で行うのは、「**経営資源の差別化**」です。経営資源とは事業のためのリソースのことで、具体的には人材・モノ・お金・情報などを指します。これらのリソースを他社とは違うものにして、優位な点を作り出します。最後となるステップ7は、「**実現可能性の見極め**」です。ここまでのステップ1〜6で構築したビジネスモデルが実現可能なものであるかどうかを検討します。**自社の経営資源、参入する市場の大きさなどを判断材料にして、そのビジネスモデルで収益を上げることが可能かどうかを考えます。もしビジネスモデルに実現性がないと判断したのなら、これまでのステップのどこに問題があるのかを振り返って確認しましょう。**

実現性の確認を怠らない

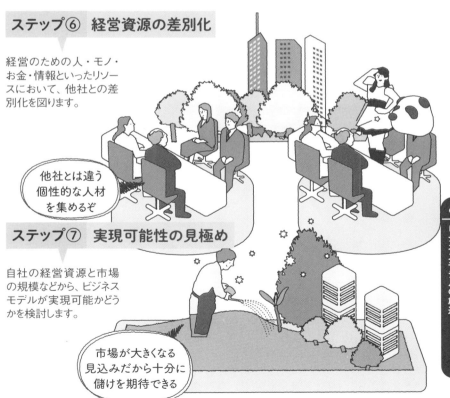

ステップ⑥ 経営資源の差別化

経営のための人・モノ・お金・情報といったリソースにおいて、他社との差別化を図ります。

他社とは違う
個性的な人材
を集めるぞ

ステップ⑦ 実現可能性の見極め

自社の経営資源と市場の規模などから、ビジネスモデルが実現可能かどうかを検討します。

市場が大きくなる
見込みだから十分に
儲けを期待できる

03 他業種の成功モデルを当てはめる「アナロジー思考」

他の分野で活用されている考え方や手法を、自分の分野に転用することで新しいビジネスモデルを作ることができます。

P156 で、「ほとんどのビジネスモデルはすでに存在しているビジネスモデルを組み合わせたもの」と紹介しました。つまり、新たなビジネスモデルを生み出すために、既存のビジネスモデルを参考にすることは非常に有効なのです。その際に活用できるのが、「**アナロジー思考**」です。アナロジーとは例え、類推、類似などを意味する言葉です。**他のジャンルで使われているビジネスモデルを、自らのビジネスのジャンルに移し替えるという思考方法**が、アナロジー思考なのです。実は多くのビジネスモデルが、この手法によって生み出されました。

他のビジネスモデルを転用する

アナロジー思考では、他の分野などで使われているビジネスモデルを利用します。たとえば、オフィスにお菓子を置くオフィスグリコは、富山の伝統である置き薬ビジネスから着想を得たものです。

アナロジー思考によるビジネスモデルの例としては、オフィスグリコがあります。**オフィスに専用のボックスを設置し、従業員はそこから好きなお菓子を購入するサービスですが、これは伝統的な富山の置き薬ビジネスを参考にしたことで有名です。**薬で使われているビジネスモデルをお菓子に転用したのです。アナロジー思考でビジネスモデルを生み出す際には、新たな価値を付け加えることがポイントです。そのまま真似をするのではなく、価値を付けて他と差別化しましょう。また、1つのビジネスモデルの中にはさまざまな要素が含まれています。抜き出す要素を変えれば、1つのビジネスモデルからいくつも新しいビジネスモデルを作り出すことができます。抜き出す要素を抽象化すると、他のジャンルに適用しやすくなることも覚えておきましょう。

抽象化してビジネスの要素を抜き出す

富山の置き薬の
ビジネスモデルの
さまざまな要素を
抽象化しましょう

ビジネスの要素を
具体的なものから
抽象的なものに変
化させると、他分
野で活用しやすくな
ります。

「商品を顧客の
ところに置く」
という要素を
応用しました

抽象化した上で、
抜き出して活用する
要素を選びます。

04 数々の企業の成功も 模倣から生まれた

異業種や外国で使われているビジネスモデルを参考にした発想法は、多くの企業が活用しています。

世にある多くのビジネスモデルの中にも、既存のパターンを参考にして組み上げられたものが数多く存在します。「**パターン適合**」と呼ばれることもありますが、**異業種や他国で使われているビジネスモデルのパターンを読み解き、自分のビジネスに適合させることで、新しいビジネスモデルを作り上げる**のです。パターン適合は国内外の企業が取り入れている手法で、自社のビジネスモデルを作り上げるためには非常に有効といえます。すでに使われているビジネススモデルの模倣ですが、他社に先駆けて自分の業種に持ち込むことで新規性のあるビジネスモデルを作り上げることができます。

外国や異業種のビジネスモデルを学ぶ

すでに他業種で使われているビジネスモデルでも、その分野で自らが一番乗りであれば、それは斬新なビジネスであるといえます。

外国のビジネスモデルを観察して取り入れてみようか

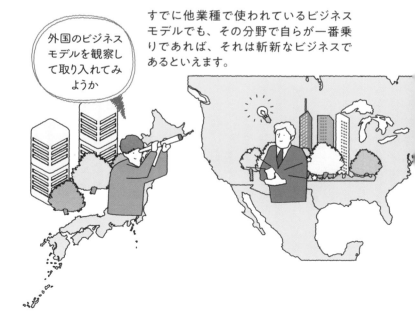

パターン適合の活用例の一つは、世界最大のコーヒーチェーンであるスターバックスです。スターバックスはアメリカ生まれの企業ですが、イタリアのカフェ文化をお手本にして作られています。グーグルのウェブページを表示するアルゴリズムは、被引用数の多いものが重要論文とみなされる学術論文の世界での考え方を参考にして発明されました。日本の大手企業もパターン適合を取り入れています。**トヨタの自動車の生産システムは、必要なものを必要なときに必要なだけ仕入れるスーパーマーケットの仕組みからヒントを得て生まれました。**セブンイレブンは第1号店が1974年にオープンしていますが、そもそもセブンイレブンはコンビニエンスストアという小売業態を開発したアメリカのサウスランド社が運営していたチェーン店でした。アメリカで成果を上げているパターンを日本で適合させたのです。

あの企業も活用するパターン適合

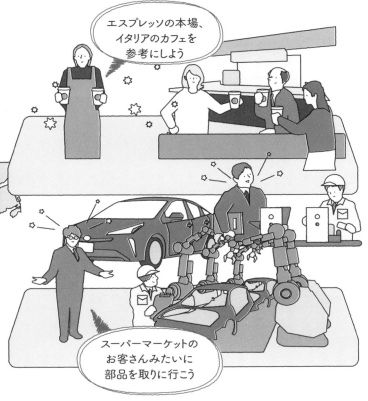

アメリカのスターバックスは、イタリアのカフェ文化を参考にして世界最大のコーヒーチェーンへと成長しました。

トヨタの工場の生産システムでは、スーパーマーケットの客が店の棚から必要な商品を取るように、必要な部品を必要なときに取りに行く形式にしました。これにより部品の運搬や保管・管理が効率化されました。

05 成功モデルが持つ価値から連想する「マトリクス思考」

商品に関する2つのキーワードを掛け合わせることで、新商品や新サービスを構築するのがマトリクス思考です。

2つのキーワードを掛け合わせて発想する「**マトリクス思考**」は新商品や新サービスを生み出す際に活用できる発想法の一つです。マトリクスとは本来は母体・基盤を指す言葉で、数学における行列のことも指しますが、マーケティングにおいては情報を縦軸と横軸に分類した図をいいます。マトリクス思考では、この**マトリクス図の縦軸のキーワードと横軸のキーワードを掛け合わせるのです。横軸には手がけたい商品をキーワードとして置き、縦軸にはその商品の本源的価値をキーワードとして置くとよいでしょう。**

キーワードを掛け合わせるマトリクス思考

縦軸と横軸で情報を分類するのがマトリクス図です。マトリクス思考では、横軸に手がけたい商品、縦軸にその商品の本源的価値（顧客に与える究極的な価値）を配置します。

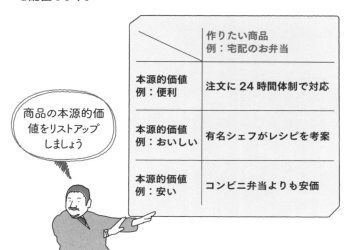

	作りたい商品 例：宅配のお弁当
本源的価値 例：便利	注文に24時間体制で対応
本源的価値 例：おいしい	有名シェフがレシピを考案
本源的価値 例：安い	コンビニ弁当よりも安価

商品の本源的価値をリストアップしましょう

お弁当の宅配サービスを手がけたい

本源的価値とは、商品が顧客に対して与える究極的な価値のことです。たとえば生命保険であれば、顧客に「安心」「悩みの解消」といった価値を与えます。
本源的価値の例としてはほかにも、「便利」「楽しい」「安全」「快適」「満足感」「優越感」「期待感」「健康にいい」などがあります。たとえば、手がけたい商品が宅配弁当のサービスなら、本源的価値は「便利」「おいしい」などになります。横軸の宅配弁当サービスと、縦軸の便利、おいしいをそれぞれ掛け合わせると、自分が目指すビジネスのあり方が見えてきます。マトリクス思考を使ってキーワードを掛け合わせることでビジネスに関するさまざまなアイデアが浮かんでくるので、新しい商品を生み出す方法としておすすめです。

ビジネスに関するアイデアが浮かんでくる

世の中のヒット商品の多くは「安心」「快適」「楽しい」「便利」「健康にいい」「悩みの解消」「優越感」「期待感」などといった本源的価値を持っています。そうした本源的価値と、自分が手がけたい商品を組み合わせることで、これまでにないタイプの商品のアイデアが生まれます。

新商品のアイデアを出すときはマトリクス思考を活用してみましょう。

これまでにない居酒屋を作りたい

占い師がいて人生相談ができる居酒屋にしよう！

マトリクス思考で、斬新な商品のアイデアが出てきます。

「悩みの解消」と掛け合わせてみよう

ヒット商品の本源的価値と自分が手がけたい商品を掛け合わせます。

06 特性を変化させ新しいアイデアを生む「水平思考」

あるものが持つ特性を水平移動させることによって、新しいアイデアにつなげることができます。

「**水平思考**」も新商品や新サービスのアイデアやコンセプトを生み出す上で役立つ思考方法です。水平思考は心理学者・医学者のエドワード・デ・ボノが提唱しました。問題解決のため、常識やこれまでの概念にとらわれずに自由な発想でアイデアを生み出すのです。**ロジカルシンキングなどの思考法がすでに掘られた穴をさらに奥へと掘り進める、いわば垂直思考なら、水平思考はこれまでの穴とは別のところに水平移動して新しい穴を掘る思考方法です。**さまざまな角度から思考をめぐらせることで、これまで思いつかなかった新商品や新サービスを生み出します。

これまでの考えにとらわれない水平思考

今までとは違う場所で考えるぞ

今までと同じ場所で考えるぞ

垂直思考と違って、水平思考では別のところに新しい穴を掘り始めます。今までとは違ったアイデアが生まれるのです。

常識にとらわれていると、これまでと同じ場所を掘り続けるような思考になります。これを垂直思考と呼びます。

水平思考を行うための具体的な手順は、以下の3つのステップです。**①フォーカスを選択する。②水平移動により、ギャップ（刺激）を誘発する。③ギャップを埋める方法を考える。**①のフォーカスとは、思考の対象のことで、その対象の特性を考えます。②では、①で考えた特性を1つ選び、それに変化を加えます。変化のさせ方は「逆転」「代用」「結合」「強調」「除去」「並べ替え」などがあります。思考の対象と、変化させた特性との間にはギャップが生まれます。③では、そのギャップを埋める方法を考えます。これによって、たとえば思考の対象が商品であれば、今までになかった商品のアイデアを導き出すことができるのです。

3つのステップでアイデアを生み出す

水平思考は3つのステップによって新しいアイデアやコンセプトを生み出します。

プリザーブドフラワー！これなら枯れないぞ！

枯れない花があったらいいな

花はきれいだけど枯れてしまう

ステップ③
先ほどのギャップを埋める方法を考えます。枯れない花というアイデアから、造花という商品のアイデアが生み出されました。

ステップ②
ステップ①で書き出した特性を変化させます。「枯れる」を逆転させると「枯れない」になり、「花なのに枯れない」というギャップが発生します。

ステップ①
フォーカス（対象となるもの）を選びます。その対象の特性を書き出します。ここでは「花」を対象にします。花の特性は「きれい」「枯れる」などです。

07 DXを進めるためには 意識改革も必要

DX を成功させるためには、意識そのものを改革することも忘れてはなりません。

これまでに解説してきた通り、**DX**（デジタルトランスフォーメーション）の本質は、デジタル技術を活用したビジネスモデルの革新にあり、単なるデジタル化を指すものではありません。**既存の事例にとらわれず、DX によって新しいビジネスモデルを構築していくためには、常識を打ち破る新しいチャレンジが要求されます。** それはつまり、ビジネスに対する意識の改革も重要になるのです。その中では、日本企業で許容されにくい長期的な経営判断も重要となります。

「なんとなく DX」は NG

DX によってビジネスモデルを進化させるためには、「DX を実現させるのだ」という強い意志が必要です。「流行っているから」などといった「なんとなく進める DX」では成功につながりません。

日本では短期間での投資回収を重視する傾向がありますが、それでは創業から何年も赤字を出し続けたアマゾンのようなビジネスは実行できません。そういう意味でも長期的な事業計画を立てなければいけませんが、事業を進める中でビジネスを取り巻く環境が大きく変化するかもしれません。そうした環境の変化には、**アジャイル**によって柔軟に対応すべきです。**アジャイルとは「素早い」「俊敏な」という意味の言葉で、ソフトウェアや新規事業の開発で使われる手法です。不確実な事態に対応できるように、細かいトライ＆エラーを繰り返しながら進めていくのです。**そして何より重要なのは、DXによってビジネスモデルを進化させるのだという強い意志を仲間うちで共有することです。

長期的にビジネスを見る目も必要

DXの成功例と評されるアマゾンは、創業初期には赤字を出し続けましたが、その間のたゆまぬ研究開発によって驚異的な成長を遂げました。

アマゾンは利益を出せないね

1994年、アマゾンの創業者ジェフ・ベゾスは自宅ガレージでアマゾンの前身となるカタブラドットコムを立ち上げます。

赤字の原因は、利益を未来に投資しているからです

設立から3年後には米国株式市場ナスダックへの上場を果たしますが、赤字の状態が続きます。2000年代前半には利益を出せても、ごくわずかでした。

アマゾンは2010〜2015年に急成長を見せ始め、2021年には時価総額が1兆8800億ドルに達しました。ベゾスは赤字だった当時、「利益になったはずのものを未来に投資しているからアマゾンは赤字なのだ」と発言しています。

08 キャッシュポイントの複数化を意識する

収益が得られる機会をいくつも設定していれば、全体の収益をアップさせることができます。

事業において、収益が得られるタイミングすなわち収益機会のことを**キャッシュポイント**と呼びます。**収益が入ってくるタイミングを1つだけに設定しておくよりも、複数にするほうが、得られる収益を増やすことができる場合があります。** 大きな利益を上げているビジネスを見渡してみると、キャッシュポイントが複数化されていることに気付くことができます。

キャッシュポイント複数化の例

Apple
ハードウェア（iPhone、 Mac など）の販売
＋サービス（iCloud、 Apple Music など）の提供

YouTube
広告主からの広告収入
＋有料会員からの会員料収入

映画ビジネス
映画の上映による興行収入
＋オフィシャルグッズなど関連商品の販売
＋ Blu-ray や配信などへの展開

たとえば、パソコンを販売するビジネスの場合には、本体の販売で終わらずに「周辺機器を売る」「パソコンを修理する」などのキャッシュポイントを作ることもできるでしょう。ユーザーのニーズに合わせて、支払い金額を増やす仕組みを作れば、収益を増やすことができます。**有名な例としては、ヒゲソリの替え刃を販売し続けることで、1ユーザーから何度も収益を得ることが可能になったカミソリブランドのジレットなどがあります。**このようにキャッシュポイントの複数化を意識することで、より多くの収益を生み出すビジネスモデルを構築することができるようになるのです。

有名なジレットモデル

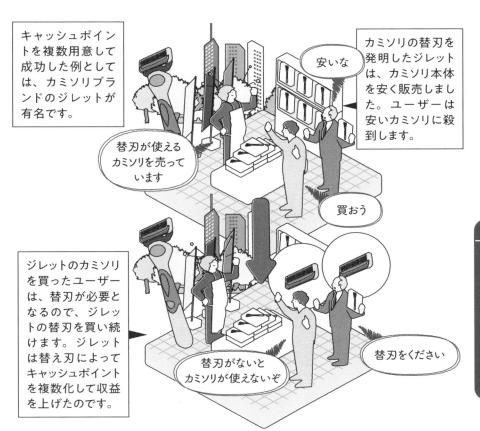

キャッシュポイントを複数用意して成功した例としては、カミソリブランドのジレットが有名です。

カミソリの替刃を発明したジレットは、カミソリ本体を安く販売しました。ユーザーは安いカミソリに殺到します。

安いな

替刃が使えるカミソリを売っています

買おう

ジレットのカミソリを買ったユーザーは、替刃が必要となるので、ジレットの替刃を買い続けます。ジレットは替え刃によってキャッシュポイントを複数化して収益を上げたのです。

替刃がないとカミソリが使えないぞ

替刃をください

09 ローコストでスピーディーな仮説検証を繰り返す

新規事業の成功率を高めるには、リーンスタートアップという手法を押さえておく必要があります。

通常、新しい事業を立ち上げる場合、しっかりと準備をするので時間も予算もかかります。ですが、綿密な計画を立てても事業が成功するという確証はなく、失敗した場合には費やしたコストは返ってきません。この問題を解決する一つの手段が、「**リーンスタートアップ**」です。これはシリコンバレーの起業家エリック・リースが開発・提唱した手法で、**当初はスタートアップ向けのものでしたが、ゼネラル・エレクトリックなどの大企業でも導入されたことによって注目が集まるようになりました。**

立ち上げは少ないコストと短い期間で

事業立ち上げの成功率を上げるための手法「リーンスタートアップ」は、起業家エリック・リースが開発しました。スタートアップ向けの手法ですが、大企業も取り入れています。

私が考えました

新商品のお菓子のMVPを作ったぞ

これから発売するお菓子です！

Eric Ries

①構築のフェーズ
事業のアイデアを考えて仮説を立てます。どういう人が顧客になるかも想定し、なるべくコストをかけずに試作品としてMVP（Minimum Viable Product＝実用最小限の製品）を作ります。

リーンスタートアップの「リーン」は、「無駄がない」という意味で、日本のトヨタを参考にしたといわれています。つまり**「なるべくコストをかけずに、素早く仮説検証を繰り返して、何度も軌道修正する」のが、リーンスタートアップの特徴です。**その仮説検証と軌道修正は「構築」「計測」「学習」という３つのフェーズを通じて行います。構築のフェーズでは、事業のアイデアや仮説を立てます。この際にはコストができるだけかからない、実用最小限の製品（**MVP**）を試作品として作成します。計測のフェーズでは、MVPを少数の顧客に提供して反応を見ます。学習のフェーズでは、反応を分析してMVPを改良するのです。場合によっては大幅な方向転換もします。ここでの方向転換は、バスケットボールでの動きに見立てて**「ピボット」**と呼ばれます。

③学習のフェーズ
顧客の反応を分析して、MVPを軌道修正します。商品の改善だけでなく、顧客や市場、流通経路などを変えることもあります。試行錯誤を繰り返して改善するのが重要なポイントです。

②計測のフェーズ
作ったMVPを少数の顧客に提供して使ってもらいます。MVPを使った顧客の反応を、ポジティブなものとネガティブなものを合わせてチェックします。

10 「モノ起点」から「価値起点」へ発想法を変える

ユーザーの潜在的ニーズへ訴えかける提案を行うことで、新しいビジネスモデルを構築できます。

売り切り型のビジネスが主流だった時代には「ユーザーはどんなモノを欲しがるだろうか」という「モノ起点」での発想が中心でした。しかしモノを所有することへの関心が薄れてきた現代では、ユーザーのニーズを起点にして「誰に、どういった価値を、どのようにして提供するか」を考える必要があります。**ここで重要なのは、ユーザー自身も自覚していない、潜在的な需要に応えることです。** ニーズを聞き出すだけでなく、ユーザーに「このようなものが必要ではありませんか？」と提案するビジネスモデルを構築しなければならないのです。

モノ起点だと従来の枠組みから出られない

こういうモノを
新商品にしよう

こういうサービス
を新商品にしよう

なんだか
ありきたりだな……

新しいビジネスをモノ起点で考えると、既存の枠組みで方向性を探求することになり、その中から抜け出るのが難しくなります。

ユーザーのニーズ起点で提案を行った例としては、シェアサイクル（レンタサイクル）が挙げられます。モノを起点に考える既存のビジネスとしては、自転車販売がありますが、これでは自宅など自転車を置いた場所近辺でしか自転車を使えません。**ユーザーが潜在的に抱いていた、「外出先など、もっといろんな場所で自転車に乗れたら便利なのに」というニーズに応えられたのは、自転車販売ではなく、シェアサイクルです。** シェアサイクルは、「自転車をいろんな場所で利用できるようにする」という新たな価値をユーザーに提供しているのです。

ニーズ起点で新たな価値を創造する

ユーザーのニーズを起点にビジネスを構築しましょう。その際には、ユーザーが自覚していない潜在的なニーズに応えることも重要です。

従来の自転車販売では、ユーザーは自転車を置いている場所の近辺でしか自転車を使えませんでした。

ユーザーの「自宅以外の場所でも自転車に乗りたい」という潜在的ニーズに応えたビジネスが、シェアサイクル（レンタサイクル）です。「自転車をさまざまな場所で利用できる」という新しい価値をユーザーに提供しました。

情熱とスピードが、新しいビジネスを動かす

　起業家と、多くの一般的なビジネスパーソンとの最も大きな違いはどこにあるのでしょうか。それは、ビジネスへの情熱とスピード感にあるといわれています。

　もちろん企業で働く人であっても、仕事に情熱を注いでいるのは確かでしょう。しかし起業家の持つ情熱は、文字通り「人生を賭けている」ほど強いもの。並々ならぬ覚悟があるのです。

　昨今はフリーランス化の流れもあり、起業する人がこれまでにないくらい増えています。しかし創立された企業のおよそ9割は、10年後には倒産しているという調査結果があります。さらに

は上場することができた企業でも、毎年多いとき
には 30 社あまりが倒産しているともいわれてい
ます。事業は、生半可な思いで成功させられる
ものでは決してありません。

　また起業家は、寝ても覚めてもビジネスのこと
を考えているもの。常にやりたいことを明確にし
て、スピード感を持って仕事に取り組んでいる
のです。新たなビジネスを成功させるためには、
余暇や睡眠を削ってでも情熱と時間を注ぎ込み
ます。

　起業家でなくとも、「起業家精神」はどんな
ビジネスパーソンでも持つことができます。新し
いビジネスを成功させるためには、考え抜かれ
た戦略を携え、情熱とスピードを意識して取り組
むべきでしょう。

豊富な成功事例が また新しい成功を生み出す

　数ある書籍の中から、『DX時代の成功事例がゼロからわかる！　使えるビジネスモデル見るだけノート』をお読みいただきありがとうございました。

　最後まで読んでくださった皆様であれば、これからの時代において新しいビジネスモデルを生み出していくには「DX」が1つのキーワードになるということをご理解いただけたのではないかと思います。デジタルの力によって、これまで誰も思いつかなかったような新しい価値が、世の中に提供され始めています。

　世界を席巻する巨大企業による成功例も紹介しましたが、そのような大規模な事例を見ると、新しいビジネスモデルを創造することのハードルが高いと感じてし

まうかもしれません。しかし、Chapter 6でも解説した通り、違う国や違う業種で活用されているビジネスモデルの要素をシフトして新しいビジネスモデルを発想するなど、既存の事例を学ぶことで得られるもの、そして応用できることは数多くあるのです。

　この本を読み終えた後もぜひ、身の回りの製品やサービスが、どのようなビジネスモデルの上に成り立っているのかをチェックしてみましょう。そこには、思いがけない発見や、ご自身のビジネスを加速させるためのアイデアの種が隠されているかもしれません。

　豊富な成功事例を学ばれた皆様が、激動の時代を勝ち抜くビジネスモデルを生み出し、世の中に新しい価値をもたらしてくれる日が来ることを願ってやみません。

平野敦士カール

ビジネスモデル
重要単語

ビジネスモデルの理解や発想に役立つ、重要単語を
ご紹介します。いつでも活用できるように覚えておきま
しょう。

☑KEY WORD
スタートアップ

- -

ビジネスの現場では、新しい会社や事業の立ち上げを意味す
る言葉。世界的なIT企業が多く生まれる、アメリカのシリコ
ンバレーで最初に使われ始めたとされる。

☑KEY WORD
CtoC（Consumer to Consumer）

- -

日本語では「個人間取引」と訳され、消費者同士が直接商
品やサービスのやり取りを行う形態のこと。民間企業が展開す
るプラットフォームを介して行われることが多い。

☑KEY WORD
サブスクリプション

- -

「月額○○円」など、期間に対して定額の料金を支払うことで、
サービスを利用できる形態のこと。音楽や動画の配信サービ
スなどのコンテンツ産業で多く取り入れられている。

☑ KEY WORD
GAFAM

- -

世界を代表する大手 IT 企業 5 社（Google、Apple、Facebook、Amazon、Microsoft）の総称。Facebook は 2021 年に、Meta に社名を変更した。

☑ KEY WORD
ライドシェア

- -

自動車を運転する一般のドライバーと、移動したいユーザーをマッチングする、いわゆる相乗りサービスのこと。2023 年 3 月現在、日本では法律によって禁止されている。

☑ KEY WORD
プラットフォーム

- -

サービスやシステム提供の基盤となる環境のこと。消費者と出品者が商品を売買する EC プラットフォームや、App Store などのアプリケーションプラットフォームが一例。

☑ KEY WORD
ロックイン

- -

顧客が、現在使っている商品やサービスからの乗り換えが難しいために、継続して同じものを使用し続ける状態を指す言葉。事業者は、顧客が離れられなくなる仕組みを構築する。

☑ KEY WORD
サードパーティー

- -

製品やサービスを提供する企業とそのユーザー以外の「第三者」のこと。たとえば iPhone 向けアプリの大半は、アップルとユーザー以外のサードパーティーによって開発されている。

☑ KEY WORD

投げ銭

インターネットの世界で、ライブ配信などを行うクリエイターに対して、ファンがお金やギフトを贈る文化のこと。大道芸や海外のサービス産業で見られるチップ文化が根源。

☑ KEY WORD

フランチャイズ

ブランドや営業ノウハウなどを他者に提供することで対価を得る仕組み。コンビニエンスストアなどでよく見られ、本部は各加盟店から料金を受け取っている。

☑ KEY WORD

オペレーション

ビジネスの現場では、定められたワークフローやマニュアルに基づいて行われる業務のことをいう。DXによって、既存のオペレーションに潜む非効率を改善できることがある。

☑ KEY WORD

コト消費

モノを購入して所有することに価値を見出す「モノ消費」から変化したとされる、得られる体験に重きを置く消費のスタイルのこと。

☑ KEY WORD

オープンイノベーション

製品やサービスの研究や開発を自社のリソースだけで完結させるのではなく、社外の知見や技術を広く募りながら活用していく手法。

アズ・ア・サービス

モノを販売するのではなく、サービスとして提供する形態のこと。契約している間PCのソフトウェアが使えるSaaS（Software as a service）などがある。

バリューチェーン（価値連鎖）

モノやサービスが顧客に届くまでの間の、企画、製造、営業、販売などそれぞれの工程を1つのつながりとして捉える考え方。

マーケットプレイス

インターネット上において、モノの売り手と買い手が集まって売買を行うための場。楽天市場などが一つの例で、複数の売り手と複数の買い手が入り交じって取引が行われる。

シェアリングエコノミー

それぞれが保有する資産を、それが空いているときに他者に貸し出す形態のサービス。空いている駐車場や自動車、宿泊施設などさまざまなものがシェアされる。

パラダイムシフト

ある時代に常識となっていた価値観や共通認識が、突然劇的に変化すること。技術革新や感染症の流行など、さまざまな要因によって引き起こされる。

パーソナライゼーション

購買履歴や属性などのデータをもとに、顧客それぞれのニーズに合わせた商品やサービスを提案する手法。音楽や動画のサジェスト機能などはこれにあたる。

☑ KEY WORD
IoT（Internet of things）

日本語で「モノのインターネット」と訳される、さまざまなモノをインターネットに接続する技術。在庫管理などに活用される。

☑ KEY WORD
ビッグデータ

人間や、一般的なデータベースソフトウェアでは把握しきれないほどの膨大なデータのかたまり。社会または経済の課題解決や、新しい価値の創出に役立てられる。

☑ KEY WORD
循環型経済

資源を消費してモノを作り、捨てるという経済の流れから、一度投入した資源やモノを長く経済システムの中で使い続ける新しい経済。

☑ KEY WORD
ダイナミックプライシング

そのときの条件によって商品やサービスの価格が変動する仕組み。スポーツの分野では、雨天の日のチケットは安くなり、優勝がかかった試合では高くなるなど活用されている。

☑ KEY WORD
リーンスタートアップ

シリコンバレーの起業家エリック・リースが提唱した、低コスト
で素早く仮説検証を繰り返し、軌道修正を重ねていくという
開発手法。

☑ KEY WORD
クロスプロモーション

ある商品やサービスを展開することによって、自社が持つ他の
商品やサービスのプロモーションにつなげようとする戦略。ディ
ズニーの映像事業はその一例とされる。

☑ KEY WORD
フィンテック

金融（Finance）と技術（Technology）を合成した言葉。
テクノロジーとの融合によって、さまざまな金融サービスが便利
になること。

☑ KEY WORD
経営資源

企業を経営するための資産や能力のこと。経営に役立つさま
ざまなリソースの中でも代表的な、「ヒト」「モノ」「カネ」「情
報」は4大経営資源と称される。

☑ KEY WORD
アジャイル

日本語では「機敏な」という意味を持ち、少人数・短期間
で開発を進める手法を指す。元はIT用語だったが、迅速に
改善を続けるスタイルを指すビジネス用語としても使われる。

☑ KEY WORD

メタバース

インターネット上に作られる仮想空間のこと。2021 年 11 月に
社名を変更した Meta を始めとした多くの企業が、新しい経
済圏として注目している。

☑ KEY WORD

ピボット

ビジネスにおいて、事業の戦略や経営方針を転換することを、
バスケットボールでの動きに見立てて表した言葉。変化の激し
い現代に重要とされる。

☑ KEY WORD

AI（人工知能）

人間が行う知的な活動をコンピュータによって再現しようとする
技術のこと。そのアウトプットの質は近年飛躍的に向上し、多
くのビジネス分野で活用が進んでいる。

☑ KEY WORD

マッチングビジネス

人や企業のニーズ同士を結び付けるサービスを提供するビジ
ネス形態のこと。人材派遣や結婚相談所から、ライドシェアな
ど広がりを見せている。

☑ KEY WORD

クラウドコンピューティング

ユーザー側が使いたい資源（機能やシステム）を、インターネッ
ト経由で利用できるようにした仕組みのこと。ユーザーには、
保守や調達から解放されるメリットがある。

☑ KEY WORD
ブルーオーシャン

多くの競合がしのぎを削る熾烈な市場のことを指す「レッドオーシャン」の対義語。新しい価値を提供することによって作り出される、競合のいない市場。

☑ KEY WORD
OEM

他社に製造を委託したプロダクトを、自社ブランドの製品として発売する形態のこと。ローコストで新しい市場に進出する戦略として、自動車業界などで多く見られる。

☑ KEY WORD
フリーミアムモデル

一部の機能やサービスは無料で提供され、それ以上の機能は有料で展開されるビジネスモデルのこと。機能制限のほかに、一定期間が無料になったりなど多くの形態がある。

◉ 主要参考文献

『図解 カール教授と学ぶ成功企業31社のビジネスモデル超入門！』
（平野敦士カール 著、ディスカヴァー・トゥエンティワン）

『カール教授のビジネス集中講義 ビジネスモデル』
（平野敦士カール 著、朝日新聞出版）

『RPA導入からビジネスモデル改革まで最新事例が丸わかり！ DX戦略見るだけノート』
（内山悟志 監修、宝島社）

『この一冊で全部わかる ビジネスモデル 基本・成功パターン・作り方が一気に学べる』
（根来龍之 富樫佳織 足代訓史 著、SBクリエイティブ）

『DXビジネスモデル 80事例に学ぶ利益を生み出す攻めの戦略』
（小野塚征志 著、インプレス）

『知識ゼロでも今すぐ使える！ ビジネスモデル見るだけノート』
（平野敦士カール 監修、宝島社）

⊛STAFF

編集	丹羽祐太朗、細谷健次朗（株式会社 G.B.）
執筆協力	村沢譲、野村郁朋、龍田昇、三ツ森陽和
本文イラスト	本村誠、深澤枝里子
カバーイラスト	ぷーたく
カバーデザイン	別府 拓（Q.design）
本文デザイン	別府拓、奥平菜月（Q.design）
DTP	ハタ・メディア工房株式会社

著者 平野敦士カール（ひらの あつし かーる）

経営コンサルタント。カール経営塾塾長。株式会社ネットストラテジー代表取締役社長。社団法人プラットフォーム戦略協会代表理事。

麻布中学・高校卒業、東京大学経済学部卒業。日本興業銀行、NTTドコモを経て現職。早稲田大学ビジネススクール（MBA）非常勤講師、ハーバード・ビジネス・スクール招待講師、BBT大学教授を歴任。日経ビジネススクール講師、早稲田大学エクステンションセンター講師。上場企業を中心に数多くの会社のアドバイザー、研修講師を務める。

著書は『大学4年間の経営学見るだけノート』『大学4年間のマーケティング見るだけノート』（監修、ともに宝島社）、『プラットフォーム戦略』（共著、東洋経済新報社）、『カール教授のビジネス集中講義』シリーズ「経営戦略」「マーケティング」「ビジネスモデル」「金融・ファイナンス」（全て朝日新聞出版）、『図解 カール教授と学ぶ成功企業31社のビジネスモデル超入門！』（ディスカヴァー・トゥエンティワン）ほか多数。

Twitter:@carlhirano
カール経営塾
https://www.carlbusinessschool.com

DX時代の成功事例がゼロからわかる！
使えるビジネスモデル見るだけノート

2023年3月31日　第1刷発行

著　者　　平野敦士カール

発行人　　蓮見清一
発行所　　株式会社 宝島社
　　　　　〒102-8388
　　　　　東京都千代田区一番町25番地
　　　　　電話　営業:03-3234-4621
　　　　　　　　編集:03-3239-0928
　　　　　https://tkj.jp

印刷・製本　サンケイ総合印刷株式会社

ISBN 978-4-299-04047-3